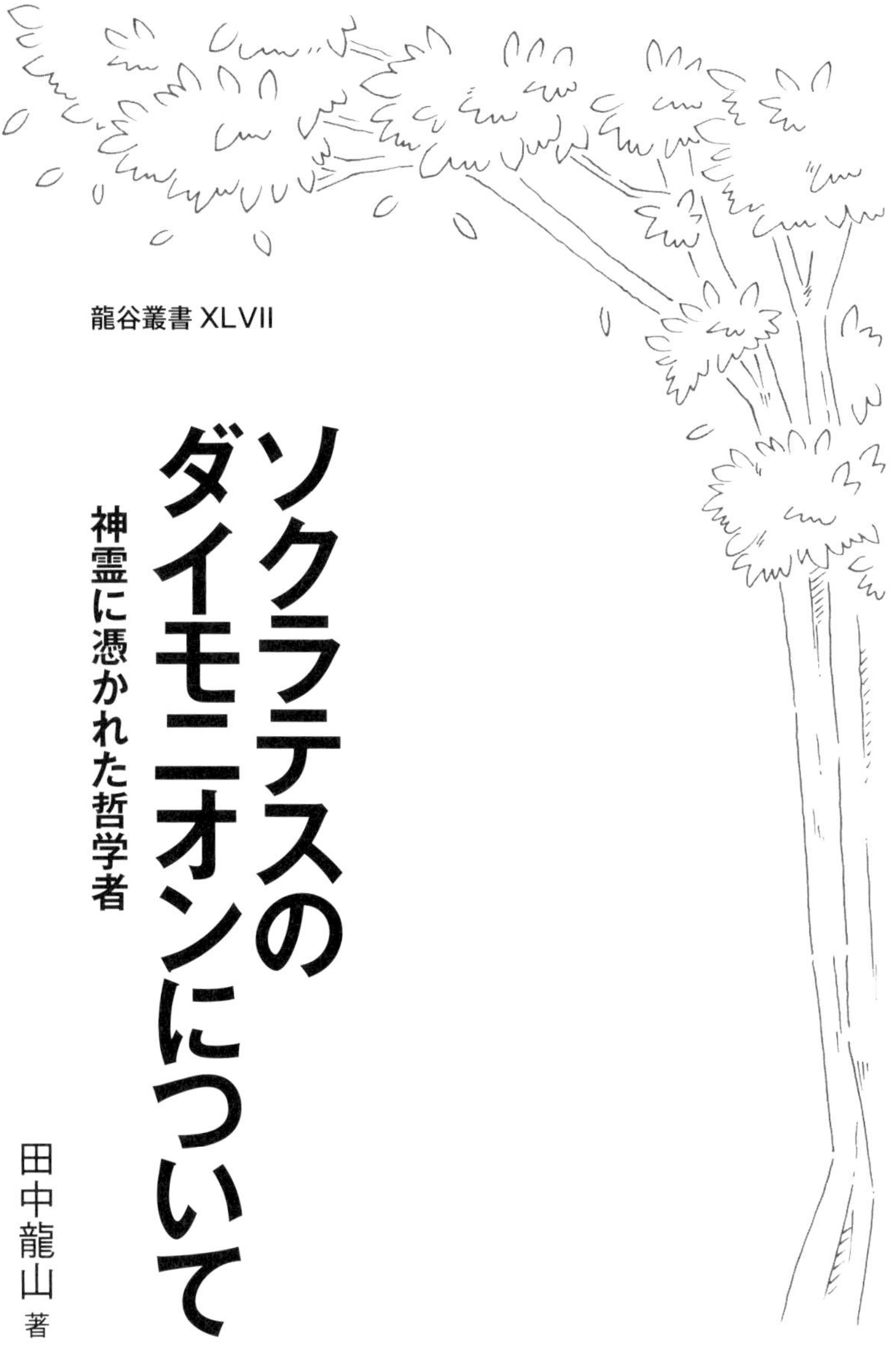

龍谷叢書 XLVII

ソクラテスのダイモニオンについて

神霊に憑かれた哲学者

田中龍山 著

晃洋書房

はじめに

本書は「ソクラテスはどのような人物だったのか」ではなく、「ソクラテスはどのような人物として伝えられたか」に迫ろうとすること、それをまずは目的としている。しかも、「ダイモニオン・神霊のようなもの」という、哲学者ソクラテスにとっては、時として否定的に捉えられる側面に注目をして、それを行ないたいと考えている。

ソクラテスは、おそらく誰よりも有名な哲学者であろう。対話という方法によって「善く生きる」ことを自ら実践し、また周囲のひとたちにも実践することを求めた。対話とは言葉（ロゴス）のやり取りであり、哲学は理性（ロゴス）の営みであると普通は理解されるだろう。だがまた、ソクラテスの営みが処刑という結末にいたったことも、多くのひとが知るところではないだろうか。すると素朴な思いとして、なぜそこまで「哲学」に執着するのか、という問いが浮かんでもおかしくはない。ソクラテスはむしろ不合理な生き方をしたのではないか、という疑念はそういうところにもすでに生じるであろう。

もちろん、その問いに対しては、ソクラテスはやはり言葉（ロゴス）で説明をしてくれている。例えば、プラトンの書いた『ソクラテスの弁明』や『クリトン』を読めば、ソクラテスがそのような生き方を選んだ理由（ロゴス）を、わたしたちは知ることができる。彼はまぎれもなく哲学者なのである。しかし、哲学者ソクラテスは、わたしたちからすると、理性的とは思えないことをも語る。神託であったり、夢の知らせであったり、今日では「非理性的（アロゴス）なもの」としか思えないものによって、ソクラテスは自らの生き方を定めているのである。そしてそのなかで、わたしが思うには、最たるものが「ダイモニオン・神霊のようなもの」なのである。

これまで多くの場合、歴史の隔たり、社会のあり方の異なり、といった理由づけによって、それは「ソクラテスの哲学」の背後に押しやられてきた。そういう時代だから、そういう社会だから、その分は割引いて理解しましょう、と。あくまでもソクラテスは「理性のひと」であることが大切とされた。わたしにはそのように思われる。

わたしはそうではなく、その部分に焦点を当てたソクラテス像を追いたいのである。その理由は、一言でいえば、とても魅力的に映るからである。魅力的とは、謎であり、知りたいという思いを抱かせる、という意味である。ただ、最初に述べたように、「本当のソクラテス」に迫りたいという思いはさしあたり保留をすることにする。そして、ソクラテスと同時代のひとたちに、また、ソクラテスに影響を受けたひとたちに、ソクラテスがどのように見えたのか、ということを、限られた著作をもとにたどりながら、示したいと願うのが本書である。よって、題名はきわめてシンプルに『ソクラテスのダイモニオンについて』とした。「神霊に憑かれた哲学者」という、形容矛盾にも見える副題の意図を、全体を通じて理解していただければ何より幸いである。

目　次

序章　ガラクシドロスの問い

プルタルコスの著作『ソクラテスのダイモニオンについて』は、その表題のとおり、ソクラテスのダイモニオンが主題のひとつとして論じられている。プルタルコスの生存年代は紀元後四六／四七―一二〇年頃と推定され、この著作が書かれたのが彼の晩年であろうと推測されていることからすると、ソクラテスの死後、およそ五〇〇年以上たった時期にもなお、ソクラテスのダイモニオンは論じるに値すべき事柄とみなされていたようである。ダイモニオンとは、「ダイモーンのようなもの」、あるいは「ダイモーンのしるし」のことである。そしてそのダイモーンとは、日本語では「神霊」、あるいは「神格」などと訳され、当時のギリシアでは、一般に「神」と同等のもの、あるいはそれに匹敵するものとして、信仰の対象であった。[1] さしあたり、このように理解していいだろう。つまり、「ソクラテスのダイモニオン」とは、かの有名な、ソクラテスの行為に関与したとされる、神の声のようなものなのである。[2] では、どういう点で論じるに値すべきものだったのか、それはすぐに明らかとなる。

このプルタルコスの著作は対話篇形式で書かれている。そして、プルタルコスがその対話の舞台として設定したのは、ソクラテスの死後二〇年、場所はテバイのシミアス邸である。シミアスとは、プラトン『パイドン』でソクラテスの対話相手を務めたあの人物である。(3)『ソクラテスのダイモニオンについて』の作品としての構成はじつに秀逸であって、プルタルコスはまさにその『パイドン』をひな型としたのではないかと、推測されるほどである。(4)紀元前三七九年、スパルタの侵攻によりテバイは寡頭派に占拠され、民主派の政治家たちはアテナイへと追放されていた。その追放者たちが、テバイに残っている民主派に導かれ帰国し、ともにテバイを寡頭派から解放する企ての顛末がこの対話篇の縦軸となっている。そのなかで、表題となっているソクラテスのダイモニオンの問題、さらには哲学的ないくつかの問題が、横軸となって議論されているのである。ダイモニオンや占いは、テバイ解放の企てにそのつど不安感や安心感を与える要因として組み込まれている。そして、ダイモニオンがまず最初に議論の主題となるのは、ダイモニオンの怒りを恐れているスパルタ人、また、ダイモニオンの知らせを待ってみずからの行動を決しようとするイタリアからの客人、そういったひとたちのすがたが語られた時である。ひとりの人物が、そのようにダイモニオンを恐れ、あるいはそれを信頼して行動を起こすことに対して異議を申し立てた。少し長くなるが、すべて引用しておこう。

「いったい何ということでしょう。やはり、空言や迷信（ダイモーンへの恐れ）から影響を受けないひとを見つけるのは一仕事なのです。じっさい、あるひとたちは、みずからすすんでというわけではありませんが、経験のなさや軟弱さゆえに、それらの感情に捕らえられています。また、神憑り的なひとや、ある種の変わり者と思われているひとのように、知性に現われるものよりも夢や幻影やそういう類いのものを優先させて、自分たちの行ないを神的なことであるかのように言うひとたちもいるのです。たしかに、政治に従事しているひとたちや、自分勝手で放縦な群集相手に生きざるをえないひとたちには、きっとそれらは役に立たなくはないでしょう。ちょうど馬につける銜のように、迷信（ダイモーンへの恐れ）を利用して、大衆を適切なことへと引き寄せ、方向を変えさせるのです。しかしながら、哲学にとっては、そういった態度は形をなさないだけでなく、哲学が公言していることと矛盾するようにも思われるのです。つまり、哲学は善いものも有益なものもすべて議論（ロゴス）によって教えると公言しながら、行為の原理に関しては、議論をさげすむかのように神々に場を譲り、そして哲学が尊重されるゆえんであるところの論証さえもないがしろにし、神託や夢のお告げに屈服しているからです。じっさい、神託や夢のお告げにもとづくことにおいては、きわめて愚かなひとが、すぐれたひとに劣ることなく事を成し遂げることがしばしばあります。ですからシミアス、あなた方の友人ソクラテスは、より哲学にふさわしい教育や議論の形を身につけていたとわたしには思われるのです。彼は、素朴さや率直さを自由人にふさわしいものとして好み、そしてとくに真理を愛することを好み、その一方で、空言を哲学の煙のようなものとしてソフィストたちのほうへと追いやったのです[5]」。

この発言主は、ガラクシドロスという名のテバイ民主派のひとりであり、そしておそらく歴史的人物であると思われる(6)。だが、ほぼ無名の人物と言ってもいい。ひょっとすると、プルタルコスは、そういう人物に語らせることによって、ここで語られている内容が、当時ごく一般的で素朴な問いとしてひとびとに広がっていた、と言わんとしているのかもしれない。それはともかく、語られていることはきわめて重要である。端的に言えば、「ダイモニオン（神霊のようなもの）に従って行動すること」と、哲学の立場である「ロゴス（理性・議論）に従って行動すること」とは相容れないのではないか、という問いである。そしてその問いは、引用からも明らかなように、ソクラテスに向けられているのである。じっさい、今日わたしたちに伝えられているいくつかの書物によると、ソクラテスは一方で、ダイモニオンによってみずからの行為を決し、他方、理性的であること、議論を重んじることを主張している。そのすがたは、「神霊に憑かれた哲学者」とも言うべき二面性を感じさせるものである。ガラクシドロスが問うたのはまさにその点であった。わたしは、それらの関係をただす問いを、彼の名にちなんで、「ガラクシドロスの問い」と呼びたい。「哲学は善いものも有益なものもすべて議論（ロゴス）によって教えると公言しながら、行為の原理に関しては、議論をさげすむかのように神々に場を譲り、そして哲学が尊重されるゆえんであるところの論証さえもないがしろにし、神託や夢のお告げに屈服している」。ガラクシドロスのこの言葉は、哲学の根幹をゆるがす本質的な問いであると言えるだろう。

さて、この「ガラクシドロスの問い」は、プルタルコスの著作年代からすると、ソクラテスの死後五〇〇年以上たって発せられたものである。だが、その設定場面は、ソクラテスの死後二〇年である。おそらくその当時すでに、事柄としては問題になっていたと考えることができるであろう。あるいは、まさしくソクラテス自身が生きていたときにも、問われていたのかもしれない。さらにそれだけでなく、このわたしたちが生きる現代においても、つまり、ソクラテスの死後すでに二四〇〇年をすぎたいま現在も、「道徳的行為の自律（moral autonomy）」の問題として、熱く議論されている問いなのである(7)。

そこでわたしは、「ガラクシドロスの問い」をめぐる歴史的な議論をおいながら、それぞれにおいてどのような回答が与えられてきたのかを明らかにし、最終的に、プルタルコスの『ソクラテスのダイモニオンについて』において与えられている回答を、ひとつの終局的なものとして示したい。またそのあと、近年の論争を手掛かりとし、ソクラテスのダイモニオンをめぐるいくつかの解釈を補論において論じることにする。

注

（1）　Zaidam, L. B. & Pantel, P. S.（trans. by Zartledge, P.）*Religion in the ancient Dreek city*, Cambridge, 1992, p. 178.　J・ブルクハルト（新井靖一訳）『ギリシア文化史』第二巻、筑摩書房、一九九二年、九六頁参照。

（2）「ソクラテスのダイモニオン」という表現は、「誤解の多い言い方であるから、一般には避けたほうがよいのではないか」（田中美知太郎『ソクラテス』岩波書店（岩波新書）、一九五七年、八四頁）と指摘されてきた。その理由は、「ダイモニオン」が名詞化された形で語られるのは後代になってからであり、それはソクラテスの時代の用法ではないからである。ただ、本書は考察の出発点を後代のプルタルコスとしているので、この表現を一貫して用いることにする。そして、「ダイモーン」を源としながら、まさに名詞化と呼ぶにふさわしいであろう「ダイモニオン伝説の誕生」の経緯を追うことが、本書の目的のひとつである。

（3）テバイ出身の人物で、彼の哲学に関する能力はソクラテスにも高く評価されていた。プラトン『パイドロス』二四二B参照。

（4）De Lacy, P. H. & Einarson, B., *Plutarch's Moralia*, vol. Ⅶ, Oxford（Loeb）, 1959, p. 362.

（5）プルタルコス『ソクラテスのダイモニオンについて』五七九F—五八〇B。

（6）クセノポン『ギリシア史』第三巻第五章一でも登場する。

（7）Brissson, L., "Socrates and Divine Signal" in Destrée, P., & Smith, N. D. ed., *Socrates' Divine Signe: Religion, Practice, and Value in Socratic Philosophy*, 2005, p. 1.

第一章　奇人ソクラテス

――「ソクラテスの訴状」、アリストパネス『雲』の考察

さて、先の「ガラクシドロスの問い」に対して、プルタルコス『ソクラテスのダイモニオンについて』の当該個所では、テオクリトスという名の人物が、あたかもソクラテスのダイモニオンを空言とみなしているかのように見えるガラクシドロスに対して、ただちにつぎのような反応を示した。

「何ということを言うのですか、ガラクシドロス。メレトスはあなたをも説き伏せて、ソクラテスが神々に関することを軽視していると思い込ませたのでしょうか。というのも、そのことでメレトスは、アテナイ人たち相手にソクラテスを告訴したのですから(1)」。

このように語るテオクリトスは、テバイの占い師であり、プルタルコスの著作のなかでは、事の吉凶を占ったり、また神に犠牲をささげたりするなどして、企てに深く参与している立場にある。いわば、当時の信仰の立場に立ちながら、なおかつソクラテスに信頼を寄せていた人物である。彼のこの発言は、ソクラテスが「神々に関することを軽視する」という理由でメレトスに訴えられ、処刑され

たことへの強い反感を示すものであって、「ガラクシドロスの問い」も、信仰者であるテオクリトスには、メレトスの立場に通じるような、ある種の違和感をもって受け止められたことが見てとれる。この発言を受けて、ガラクシドロスは、けっしてそうは言ってはいないが、やはりソクラテスはロゴス（理性・議論）の立場に立って哲学をしていたはずではないか、そのように繰り返し言う。するとテオクリトスは、ここで明確に、ソクラテスのダイモニオンに言及しこう述べたのである。

「では、どうでしょう。ソクラテスのダイモニオン（τὸ δὲ δαιμόνιον τὸ Σωκράτους）は偽りなのでしょうか。それともわたしたちは何と言えばいいのでしょうか[2]」。

やはり、ソクラテスのダイモニオンをどのように理解すべきか、このことがまさに問題であったのだ。

第一節　ソクラテスの訴状

では、プルタルコスの著作を少し離れて、先のテオクリトスの発言にあったメレトスという人物の書いた訴状を見てみることにしよう。そして、ソクラテスはダイモニオンをめぐって訴えられることになったのだが、訴えた側の言い分、あるいは訴えた側から見たソクラテス像というものを、まず描き出したいと思う。

ソクラテスの罪状に関しては、プラトンの『ソクラテスの弁明』やクセノポンの『ソクラテスの思い出』などでも取り上げられているが[3]、ここでは、メトロオンの公文書保管所に保存されていたと言われるものを手掛かりとしたい。それはつぎのようなものである。

> 「ピットス区の人メレトスの子メレトスは、アロペケ区の人ソクラテスをつぎのごとく告訴し、宣誓をしたうえで口述する。ソクラテスは、国家の認める神々を認めないで、他の新奇なダイモニオンを導入する（ἕτερα δὲ καινὰ δαιμόνια εἰσηγούμενος）という罪を犯している。また、青年たちを堕落させるという罪も犯している。よって死刑を求刑する[4]」。

紀元前四〇〇年に提出されたこの訴状によると、「国家の認める神々を認めないで、他の新奇なダイモニオンを導入するという罪を犯している」と記されているように、まさしく、ソクラテスはダイモニオンが理由で訴えられたのである。もちろん、ソクラテスはこれに対して弁明を行ない、そのソクラテスのすがたを、プラトンやクセノポンは書物として残そうとした。それらに伝えられる弁明はのちに詳細に検討するが、たとえばプラトンも、ダイモニオンについてソクラテス自身が語ったことが原因となって、ソクラテスが訴えられたということは事実として認めている。『エウテュプロン』という対話篇のなかで、プラトンは、ソクラテスとエウテュプロンとのあいだでの、つぎのようなやり取りを描いている。

ソクラテス「それが驚くことに、ただそう言われただけでは、なんとも奇妙なことなのだよ。つまり、メレトスはわたしが神々の創作者であるというのだ。そして、わたしのことを新奇な神々を創作して、古来の神々を認めない者とみなして、まさにこれらのことゆえに告訴した、とこう主張するのだ」。

エウテュプロン「わかりました、ソクラテス。それはきっとあなたが、自分にはしばしばダイモニオンが現われるとおっしゃるからですよ(5)」。

プラトンの著作『エウテュプロン』は、「敬虔さとは何か」を主題として、ソクラテスと宗教家エウテュプロン(6)が議論を交える対話篇である。ここでのふたりの対話からは、メレトスが訴状で述べたようなことは、単にメレトス個人の考えによるものではなく、やはりある程度、当時のひとびとに知れ渡っていたものであることが読み取れるであろう。「自分にはしばしばダイモニオンが現われる」。どうもこのように、ソクラテスは自分で語っていたようなのである。それがメレトスのみならず当時のひとたちには、訴状に語られているように、「新奇なダイモニオン」と映ったのであろう。

ところで、先の訴状によると、ソクラテスは、このダイモニオンに関することと、もうひとつ、「青年たちを堕落させるという罪も犯している」という罪状でも訴えられている。これらふたつの罪状がどのように関係しているのか、つまり、「他の新奇なダイモニオンを導入する」ことが原因で、「青年たちを堕落させる」ことになったのか、あるいはそれらふたつはそれぞれ独立したものなのか、この点についてはまた後ほど議論されねばならない。けれども、それはいずれであるにしても、ソクラテスは、この訴状を提出した当人以上に、メレトスにこのような訴状を書かせるにいたったひとたちを、また、そのひとたちによる大衆への影響を、恐れていたようなのである。プラトンの『ソクラテスの弁明』のなかで、ソクラテスはつぎのように語っている。

「さて、それでは、まず最初に、とうぜんの権利として、わたしに弁明が許されるのは、アテナイの皆さん、わたしについてなされた、いつわりの最初の告訴と、その最初の告訴人たちに対してでなければならない。そして、そのあとでなされた告訴と、そのようなあとからの告訴人たちを相手にするのは、それから後ということになる。そのわけは、わたしをあなたがたに向かって訴えている者は、多数いるのでして、かれらはすでに早くから、多年にわたって、しかもやっぱり何ひとつ本当のことは言わないで、そうしているのです。わたしはその連中を、アニュトス一派のひとたちよりももっと恐れているのです(7)」。

アニュトスとは、メレトスなどを使ってソクラテスを訴えさせた、いわば黒幕的な存在ある。しかし、ソクラテスは、彼よりも、「その噂をまき散らした連中(8)」のほうを、「最初の告訴人」と呼び、まるで欠席裁判にかけられたかのようだとして、よりいっそう恐れるべき存在とみなしているのである。というのは、彼らは対話することのできない無記名な相手だからである。そのことを、ソクラテスはこのように言う。

「そして、何とも言いようのない、いちばん困ったことは、その連中の名前さえも、ちょうどひとり、ある喜劇作家がいるということを除いては、それを知ることができないということです(9)」。

では、そのようなソクラテス像を、つまり、訴状で訴えられたようなソクラテス像を形成した「最初の告訴人」とは誰なのか。おそらく、ソクラテスの言うように、そのすべての名前を特定することなどできないであろう。しかし、それでも彼は、「ある喜劇作家」に触れている。そしてそれは間違いなく、数段落後に名前の出てくるアリストパネスのことを指している。そこでつぎに、アリストパネスの作品『雲』に描かれているソクラテスを見てみることにしよう。

第二節　アリストパネス『雲』

アリストパネスは、紀元前五世紀後半から四世紀初頭にかけて活躍した有名な喜劇作家である。そして、ソクラテスを登場人物のひとりに仕立てた『雲』をディオニシア祭で上演したのは、前四二三年のことである。すなわち、ソクラテスが四〇代後半、プラトンはまだ幼少四歳そこそこにあたる。『雲』は、当時アテナイで影響力を持ちつつあったソフィストたちへの批判が、そのモティーフであると言われている。ソフィストたちは、人間中心的なものの見方をし、伝統的な価値観を脅かす存在とみなされ、アリストパネスは、ソクラテスをまさにそういった人物のひとりとして描いているのである。また、それとは別のモティーフとして、もっと具体的に、「アリストパネスが『雲』を書いたのは、アニュトスとメレトスにそそのかされたためである(10)」といったことが、語られることにもなったのである。

さて、『雲』において主役を務めるのは、地方の裕福な地主ストレプシアデスである。彼は、放蕩息子ペイディピデスを言論に長けた人物にしようともくろみ——もっともそれは借金取りから逃れる言論であるが——、ソクラテスの「思案所」なるところに息子を弟子に出そうとするがうまくいかず、ついには自分自身が入門しソクラテスと対話を交わすことになる。それに先立つ場面で、ソクラテスという人物をめぐって、ストレプシアデス親子のあいだでつぎのような会話がなされる。

ストレプシアデス「あれが優秀な頭脳が集う思案所なのだ。あそこには、天は火消し蓋であると説明し、わたしたちを納得させているひとたちがいる。その火消し蓋がわたしたちに覆いかぶさり、わたしたち人間は炭であると言うのだ。そのひとたちは、お金さえ払えば、正しいことであろうと正しくないことであろうと、議論に勝てる方法を教えてくれるのだ」。

ペイディピデス「いったい何者なのでしょうか」。

ストレプシアデス「名前は正確には分からないが、思索に没頭している立派なひとたちだ」

ペイディピデス「なんと、救いようのない連中だ。わかりましたよ、お父さんが言うのは、あのほら吹きの、青白い顔をして、履物もはかないでいる連中のことでしょう。悪しきダイモーンに憑かれているソクラテス（ὁ κακοδαίμων Σωκράτης）や、カイレポン[11]一味といった[12]」。

他のひとたちによって伝えられるソクラテスとはあまりに異なるが、ひとまず『雲』で描かれているソクラテス像を追うことにする。まず注目すべきは、「悪しきダイモーンに憑かれているソクラテス（ὁ κακοδαίμων Σωκράτης）」という個所であろう。それが、息子ペイディペデスの口から語られていることも注意しておく必要があるかもしれない。つまり、そういった知識により乏しいはずの人物にも、ソクラテスがダイモーンと関連づけられて語られている、というアリストパネスの設定にである。そして、その「悪しきダイモーンに憑かれている」ソクラテスの行ないとされているのは、ひとつは、「天は火消し蓋である」という言葉に見られるように、いわゆる「天上のこと」や「地下のこと」について珍奇なことを論じることであり、もうひとつは、「お金さえ払えば、正しいことであろうと正しくないことであろうと、議論に勝てる方法を教えてくれる」ことなのである。これらふたつの、ソクラテスのロゴス（議論）に関する営みを、もう少しだけ『雲』のなかから見ておくことにしよう。

最初に、前者については、かなり有名なつぎのようなソクラテスとストレプシアデスとのやりとりがある。


（籠のなかに入って吊られているソクラテスに向かって）

ストレプシアデス「あなたは何をしているのか、お願いです、わたしにまず教えてください」。

ソクラテス「空気を踏み、思いを太陽の周りに馳せているのだ」。

ストレプシアデス「吊り篭のうえで、神々を見下ろし、思案しているわけですか。地上ではそうはいかないからですね」。

ソクラテス「そうだ。天上のことは、思念を高く吊り上げ、思索を思索そのものと同じ空気に混ぜねば、正しい知として発見することはできないのだ。地上で下から上を眺めていたなら、わたしの発見は決してなかっただろう」(13)。


ソクラテスはなんと、「天上のこと」の探求のためには、自分の思索を天と同質化させる必要があるとして、舞台高くに籠で吊るされているのである。

また、後者については、ストレプシアデスは息子ペイディピデスにつぎのように語っている。

ストレプシアデス「あのひとたちのところには、二種類の議論（ロゴス）があると言われている。何か分からないが、優れた議論と劣った議論だ。そしてこのふたつの議論のうち、劣った議論が、不正を主張する立場なのだけれども、議論のうえでは勝つというのだ(14)」。

ここで言われている「優れた議論」とは、白を白、黒を黒と論じる議論であり、「劣った議論」とは、白を黒、黒を白と論じる議論のことである。後者はすぐさま「不正義の議論(15)」と言い換えられる。そして、その「劣った議論」のほうをソクラテスから教えてもらおうとして、ストレプシアデスはソクラテスとのあいだで、つぎのような会話をするのである。


ストレプシアデス「それより、わたしに伝授してください。あなたのもっているふたつの議論のうち、借金をまったく返さないですむほうの議論を。お礼に関しては、わたしのできることはなんでもすると、神々に誓いますから」。

ソクラテス「どのような神にあなたは誓うのかね。何しろ、われわれのところでは神々は通用しないのだ」。

ストレプシアデス「では、何が通用するのですか。ひょっとすると、ビュザンティオンと同じように、鉄の銭でしょうか」。

ソクラテス「あなたは、神々に関することを、それが本当はどのようなものであるか、はっきりと知りたいのかね」。

ストレプシアデス「もちろんです、もしそれが可能であるなら」。

ソクラテス「われわれのダイモーンである（ταῖς ἡμετέραισι δαίμοσιν）雲の女神と、議論を交わすことも望んでいるのかね」。

ストレプシアデス「そのとおりです[16]」。

ここでは、ソクラテス自身の口から「われわれのダイモーン」という言葉が語られている。それは、この劇では実体として「雲の女神」を指すのだが、そのダイモーンをソクラテスは、「われわれのところでは神々は通用しない」と述べ、当時の一般的なしきたりであった「神に誓う」ことを無用と退けたうえで、語っているのである。しかも、「借金をまったく返さないですむ」ような議論（ロゴス）を教えようという場面なのである。

舞台上はさらにすすんで、ソクラテスは「恐ろしの雲の女神よ[17]」とダイモーンを勧請し、その雲によるコーラスがすがたを見せず声だけで現われる。ソクラテスは、「雲の女神」というものは、ちょうど空に浮かぶ雲がそうであるように、あらゆるものにすがたを変えて現われることができると説明する。そして、そのダイモーンによるコーラスの声を聞いたストレプシアデスは、おおいに驚いて、つぎのような会話をソクラテスと交わすのである。

ストレプシアデス「おお大地よ、この御声は、なんと神聖で、なんと厳かで不可思議なものであろう」。

ソクラテス「それはそのはず、この方々だけが神なのであって、これ以外のものはすべて戯言にすぎないからだ」。

ストレプシアデス「ではどうなのでしょう。大地にかけて、オリュンポスにおいでのゼウスは神ではなかったのですね」。

ソクラテス「ゼウスとは何者だね。愚かなことを言ってはならない。ゼウスなど存在しないのだ(18)」。

まさにここでのソクラテス、すなわち「ゼウスは存在しない」と語り、「雲の女神」なるダイモーンだけを神とみなしているソクラテスは、先の、「国家の認める神々を認めないで、他の新奇なダイモニオンを導入する」という罪状を地でいくソクラテスである。そしてまた、借金取りから逃れるための弱論強弁を教えるソクラテスは、もう一方の罪状「青年たちを堕落させるという罪も犯している」ソクラテスと言えるであろう。『雲』の舞台では、じっさいにソクラテスにそのような知恵を授けられたストレプシアデスは、その知恵をさっそく息子ペイディピデスに誇示しようとする。だが、息子の反応はこうであった。

ペイディピデス「ああ、どうしたものか。父は気が狂っている。裁判所へ連れて行って、狂気の認定をしてもらおうか、それとも棺桶屋に、父の気が変になっていることを話しておくほうがいいだろうか(19)」。

また、父ストレプシアデスも、最後は自分の行ないの奇妙さを振り返りながらこう述べたのである。

ストレプシアデス「ああ、狂気の沙汰であった。いまにして思えば、わたしは本当に気が狂っていたのだ。ソクラテスのせいで、神々さえもお払い箱にしたのだから(20)」。

この言葉のあと、ストレプシアデスはソクラテスの「思案所」に火を放ち、喜劇は幕を下ろすことになる。

まさしく、アリストパネスが『雲』に登場させるのは、「奇人ソクラテス」に他ならない。伝統的な神の存在を否定しては、「雲の女神」なるダイモーンを、それこそ神であると語る。また、わけのわからないことを自然探求と称して行ない、対話相手に弱論強弁を教え込む。そういうソクラテスである。つまり、ダイモニオンの面でも、ロゴス（議論）の面でも、ソクラテスは奇人として描き出されているのである。

もちろん、アリストパネスが描くこのソクラテス像は、一方的なものにすぎない。というのは、プラトンの『ソクラテスの弁明』に立ち返るならば、そこでのソクラテスは、『雲』で自分のことがこのように演出されているのを知ったうえで、つぎのように語っているからである。

「いわく、ソクラテスは犯罪者である。彼は天上のことや地下のことを探求し、劣った議論を強弁するなど、いらざるふるまいをなし、かつこの同じことを、他人にも教えている、というのが、まあ、それです。つまりこれは、あなたたちがまた直接に、アリストパネスの喜劇の舞台で、見られたことなのです。そこでは、ひとりのソクラテスという人物が、からくりによって運ばれながら、空気を踏んでいるのだと見得をきったり、その他いろいろわけのわからない、おしゃべりをするのですが、それらについては、大にも小にも、まるっきりわたしは、理解がつかないのです[21]」。

アリストパネス『雲』に描かれている「奇人ソクラテス」の行状に関して、プラトン『ソクラテスの弁明』のソクラテスは、「大にも小にも、まるっきりわたしは、理解がつかないのです」と語るのである。もちろん、まず言えることは、あくまでも喜劇の創作であって、それをそのまま事実とみなすなどということはありえない。おもしろおかしく誇張される、あるいは創作される、というのはありそうなことである[22]。そして、その創作がうまくいかなかったからなのか、それとも不十分だったからなのかは分からないが、アリストパネスの『雲』は、その年のディオニュシア祭では、参加三人中最下位であったと伝えられる[23]。しかしながらその一方、ソクラテスが喜劇に取り上げるに値する人物、つまり喜劇的な人物であったということも、疑いえないように思われる。じっさい、ディオゲネス・ラエルテスィオスの証言を信用するならば、(24)アメイプシアスという喜劇作家も、ソクラテスを喜劇の登場人物に選んでいるのである。だがまだ、アリストパネスの演出を一通り見渡し、それに対するプラトンの批判を垣間見ただけにすぎない。そこでつぎに、ソクラテスについて、誰よりも多くのことをわたしたちに伝えているプラトンの作品から、そこで描かれているソクラテスのすがたを、とりわけダイモニオンに関連するものを見ていきたいと思う。

注

(1) プルタルコス『ソクラテスのダイモニオンについて』五八〇B―C。
(2) 同五八〇C。
(3) プラトンやクセノポンによって語られるものは、「そのようなもの」あるいは「だいたい」として語られているように、これとはそれぞれ微妙に異なる。プラトン『ソクラテスの弁明』二四B―C、クセノポン『ソクラテスの思い出』第一巻第一章一参照。
(4) ディオゲネス・ラエルティオス『ギリシア哲学者列伝』第二巻四〇（加来彰俊訳『ギリシア哲学者列伝』(上) 岩波書店〔岩波文庫〕、一九八四年）。
(5) プラトン『エウテュプロン』三B一―六（今林万里子訳『プラトン全集』第一巻、一九七五年）。
(6) 宗教家といっても、狂信的な人物とみなされていたようであり、プラトンの著作のなかでも、エウテュプロンみずからが、自分のことをひとびとは「狂気あつかいし嘲笑している」（四C二）と述べている。

（7）プラトン『ソクラテスの弁明』一八A八―B四（田中美知太郎訳『プラトン全集』第一巻、一九七五年）。
（8）同一八C一。
（9）同一八C八―D二。
（10）『古伝概要』五。アイリアノス『ギリシア奇談集』第二巻三、ディオゲネス・ラエルティオス『ギリシア哲学者列伝』第二巻三八参照。しかし、今日では「根も葉もない作り話」と認定されている。橋本隆夫訳『ギリシア喜劇全集Ⅰ』岩波書店二〇〇八年、三二〇頁参照。
（11）ソクラテスの仲間であり、デルポイへ赴いて、あの有名な「ソクラテス以上の知者はいない」という神託を確認した人物である。プラトン『ソクラテスの弁明』二〇E―二一A参照。
（12）アリストパネス『雲』九五―一〇四。
（13）同二二四―二三二。
（14）同一一二―一一五。
（15）同一一六。
（16）同二四三―二五六。
（17）同二六五。
（18）同三六四―三六七。
（19）同八四四―八四六。
（20）同一四七六―一四七七。
（21）プラトン『ソクラテスの弁明』一九B四―C五。
（22）アリストパネスはソクラテスについてだけではなく、エウリピデスやアルキビアデスなどを揶揄した作品を作ったとされている。高津春繁他訳『ギリシア喜劇Ⅱ』筑摩書房〔筑摩文庫〕、一九八六年、六〇六頁参照。

(23) 高津春繁他訳『ギリシア喜劇Ⅰ』筑摩書房〈筑摩文庫〉、一九八六年、五三三頁参照。
(24) ディオゲネス・ラエルティオス『ギリシア哲学者列伝』第二巻二八参照。

第二章　プラトンの報告
――『ソクラテスの弁明』および諸対話篇の考察

プラトンの書いたいくつかの対話篇で、ソクラテスはダイモニオンについて語っている。では、「国家が認める神々を認めず、新奇なダイモニオンを導入する」というメレトスの罪状に対して、また、大衆に植えつけられていたソクラテス像に対して、プラトンの伝えるソクラテスはどのような弁明を語っているのであろうか。この章では、この点に注目しながらプラトンの報告を追い、それを明らかにした後、「ガラクシドロスの問い」と照らし合わせてみたい。[1]

第一節　ダイモニオンへの言及箇所

まず、そもそもソクラテスのダイモニオンとは何なのか、それをいくつかの発言から明らかにしておこう。

「わたしがまさに川を渡って向こうへ行こうとしていたときにね、よき友よ、ダイモニオンが、いつもわたしをおとずれるあのしるしが、現われたのだ（τὸ δαιμόνιόν τε καὶ τὸ εἰωθὸς σημεῖόν μοι γίγνεσθαι ἐγένετο）。それはいつでも、何かしようとするときにわたしをひきとめるのだ（ἀεὶ δέ με ἐπίσχει ὃ ἂν μέλλω πράττειν）。そして、そこからある声（τινα φωνὴν）が聞こえて、わたしがなんと、神聖なものに対して罪を犯しているから、その罪を清めるまではここを立ち去ることはならないと、こうわたしに命じたように思えた(2)」。

これは対話篇『パイドロス』のなかでのソクラテスの発言である。その場面はこうだ。エロース（恋）とは何かをめぐって、アテナイの城壁近くを流れるイリソス川のほとりで、ソクラテスとパイドロスが対話をしていた。その地は、神の子であるニュンフ（妖精）が住まう聖なる場所である。『パイドロス』は、プラトンの中期の作品と考えられているが、ダイモニオンについてソクラテスが言及するその場面は、みごとに整えられていると言っていい。主題であるエロース（恋の神）もまた、後に明らかとなるが、神と人間の中間者としてのダイモーンなのである。そのような場面で、時の有名な弁論家リュシアスの「ひとは自分を恋しているひとよりも恋していないひとに身をまかせねばならない」という主張をもとに、ソクラテスは、エロース（恋）を過度な欲求と定義したあと、恋していないひとの思慮深さを賞賛し、ひとまず話を終える。そうして、その場を離れイリソス川を渡って向こうへ行こうとしたとき、「ダイモーンのしるし、いつもわたしをおとずれるあのしるしが、現われた」と、ソクラテスは語ったのである。ここで「神聖なものに対して罪を犯している」とソクラテスが言うのは、女神エロースをそのように非難したことを指す。

　このソクラテスの発言には、注目すべき点がじつに多く含まれている。そのなかで、まず、ダイモニオンについて、ソクラテスが「いつものしるし（τὸ εἰωθὸς σημεῖον）」と語っている点と、そのしるしが「何らかの声（τινα φωνήν）」として現われる点を、ダイモニオンの特徴として挙げておこう。そしてさらに、その声が命じることについて、つまり「それはいつでも、何かしようとするときにわたしをひきとめる（ἀεὶ δέ με ἐπίσχει ὃ ἂν μέλλω πράττειν）」という部分にも注目しなければならない。いま挙げた点はいずれも、『ソクラテスの弁明』の、つぎのソクラテスの発言とも重なるのである。

「これはわたしには、子供の時から始まったもので、一種の声（φωνή τις）となってあらわれるのです。それが現われる時は、いつでも、わたしが何かをしようとしているときに、それをわたしにさしとめるのでして、それをせよとすすめることは、どんな場合にもありません（ἣ ὅταν γένηται, ἀεὶ ἀποτρέπει με τοῦτο ὃ ἂν μέλλω πράττειν, προτρέπει δὲ οὔποτε.）。そしてまさにこのものが、わたしに対して、国家のことをするのに反対しているわけなのです。そしてそれが反対するのというのは、わたしには十分うなずけることだと思われるのです[3]」。

以上のことから、プラトンの描くソクラテスが言うところによると、どうやらソクラテスには、子供のころから、何かをしようとしたときにはしばしば、ダイモーンのしるしが声となって聞こえたようである。しかもその声は、禁止だけを命じるものであったとソクラテスは言う。そしてそのことをソクラテスは、「わたしから、あなたたちはたびたびその話を聞かれたでしょう」(4)とみずから言うように、ひとに隠すことなく語っていたようなのである。もしそうだとすると、これらの話をソクラテスから聞いたひとたちは、どのような印象をいだいたであろうか。このような声が普通のひとの耳には聞こえるものではない、あくまでもソクラテスに固有のものであることを、ソクラテスは『国家』のなかで、つぎのように語っている。

「しかしわれわれのもののことは挙げる値打ちはないだろう。それはダイモーンのしるしのことだがね。というのは、これまでひとびとのうちのほとんど誰にもそれは現われたことはないのだから」(5)。

「これまでひとびとのうちのほとんど誰にもそれは現われたことはない」そのようなダイモニオンについて語るソクラテスは、何か「新奇な」ものを導入する人物と、ひとびとの目には映ったであろう。このプラトンの報告はむしろ、「国家の認める神々を認めないで、他の新奇なダイモニオンを導入する」という罪状を裏付けるものとしても、理解されるかもしれない。しかしながら、もちろんプラトンはそうは考えていなかった。そこで、『ソクラテスの弁明』のなかで、この罪状に対するソクラテスの弁明が語られている個所を取り上げてみることにしよう。

第二節　プラトン『ソクラテスの弁明』

まず、ソクラテスは最初に、訴状で示されたふたつの罪状の関係をメレトスに問い、このように述べる。

「メレトス、あなたはわたしが、青年を腐敗させていると主張しているのだが、それはどういうやり方をして、と言うのかね。いや、むろんそれは、あなたの出した訴状からいえば、国家の認める神々を認めるなといって、他の新奇なダイモニオン（ἕτερα δὲ δαιμόνια καινά）を教えているからだ、ということになる。つまり、わたしはこういうことを教えることによって、腐敗させているというのがあなたの言い分ではないか[6]」。

これを聞いたメレトスは、「それこそわたしが言おうとしていることだ」と答えた。つまり、「国家の認める神々を認めないで、他の新奇なダイモニオンを導入する」という罪状が原因となって、「青年たちを腐敗させる」というもう一方の罪状が帰結する、このように理解されていたのである。そうなると当然、ソクラテスにとっては、前者への弁明がここではより重要なものになる。しかし、このあとのソクラテスの議論の運びは、容易には納得できない展開を示す。それは、ソクラテスが「新奇なダイモニオンを導入する」という部分にではなく、「国家の認める神々を認めない」という部分に力点を置き、さらに「そもそも神を認めない」という主張へと誘導し、議論を進めている点においてである。ソクラテスはつぎのようにメレトスに問う。

「あなたの言おうとしているのは、ある種の神々は、その存在を認めるように、わたしも教え、またしたがって、わたし自身の神々の存在を信じているのであって、純然たる神の否定者ではないから、またその点では、罪を犯してはいないのであるが、しかし国家の認める神々は、これを認めないで、ほかの神々を信じているから、そのつまり異神を信じている点が、あなたのわたしに対して、罪を鳴らす点なのであろうか。それともまた、あなたの主張では、ぜんぜんわたしは、自分でも神々を認めていないし、また他のひとたちにもそう教えているというのだろうか(7)」。

このいささか回りくどい言い方は意図的なものなのであろうか。ソクラテスは、ふたつの選択肢をあげて、そのうちの一方を答えさせようとするのであるが、前者は聞いている者にとっては論点が分かりづらく、それと比べて後者はたいへんすっきりしたものとなっている。そして、メレトスは、それに惑わされたからなのか、すんなりと後者を選択し、こう答えてしまう。

「そうだ、それをわたしは言うのだ。ぜんぜんあなたは神を認めていない[8]」。

メレトスがこのように述べたことによって、ソクラテスの弁明は容易なものとなると同時に、もっとも肝心な点に関しては不問にされることになる[9]。というのも、極端なことを言えば、何であれ、すなわち異神であれ、その存在を認めていることを示せば、このメレトスの主張に対しては、論駁が成功することになるからである。ソクラテスが導いた議論はこうである。

（1）ソクラテスはダイモニオン（ダイモーンに関するもの、ダイモーンのしるし）を認めている。（メレトスの主張）

（2）ダイモーンに関するものの存在を認めているものは、ダイモーンの存在を認めている。

（3）ダイモーンを、われわれは神、もしくは神の子と考えている。

（4）したがって、ソクラテスは神を認めている。

そしてソクラテスは、論点（3）（4）については、つぎのように述べる。

「また他方、ダイモーンというものが、神の傍系の子供であって、ニュンフその他の、言い伝えられているような女性から生まれてきたものであるとするならば、神の子の存在は信じるけれども、神は信じないなどという者が、世に誰かあるだろうか[10]」。

たしかに、ソクラテスは、メレトスの先の主張に対しては論駁したと言える。けれどもその論駁によって、ソクラテスは、あたかも「国家の認める神々を認めないで、他の新奇なダイモニオンを導入する」という罪状に関する論駁を、また、そこから帰結する「青年たちを腐敗させる」というもう一方の罪状に関する論駁をも成し遂げたかのように、「しかし、もうたくさんでしょう、アテナイの皆さん、なぜなら、わたしがメレトスの訴えている事柄に関して、多くの弁明を必要としないのでして、いま言われたことでたくさんだとわたしは思います[11]」と言うのである。しかしながら、「新奇なダイモニオンを導入する」という部分に関してはどうであろうか。ソクラテスは、先の議論を展開するとき、論点の（1）から（2）へ移行するさいに、「それが新しいものか、古いものかということは、つぎのことにして、とにかく、あなたの言うところによれば、わたしがダイモーンのたぐいを認めているのは間違いないわけで、あなたの訴状のなかにも、そのことが宣誓されている[12]」と述べ、肝心の論点を素通りしているのである。おそらく、これらのやり取りから見てとれるように、論点（3）で言われているような、ダイモーンの存在、また、それへの信仰というのは、おそらく一般的なものであったと思われる。そうであるならなおさら、「新奇な」という部分こそ、ソクラテスは弁明しなければならなかったのではないか。なぜ、そうしなかったのか、これはひとつの謎である[13]。ともあれ、ダイモーンは、「言い伝えられているような女性から生まれた」とも言われている。どうやらプラトンの時代に、ダイモーンにまつわる伝説がすでに存在していたようである。はたして、どのようなダイモーン伝説が語られていたのであろうか。これは問うに値する問題である。なぜなら、それを明らかにしないかぎり、ソクラテスのダイモニオンが「新奇な」ものかどうか、判断することはできないからである。新たな課題が見えてきたのであるが、それに移る前に、ダイモニオンと、ソクラテスの哲学の立場との関係を見てみよう。つまり、「ガラクシドロスの問い」を、プラトンの著作のなかで考えてみたい。

第三節　プラトン『クリトン』のソクラテス

プラトンの対話篇のなかで、ソクラテスのロゴス（理性・議論）の立場を端的に表すものとしてしばしば取り上げられるのは、監獄のなかで亡命を勧める弟子クリトンに向かって語ったつぎの発言である。

「だから、あなたの言うようなことを、なすべきか否か、わたしたちは調べてみなければならない。というのは、わたしという人間は、自分でよく考えてみて、これが最上だということが明らかになった言論（ロゴス）以外には、いかなるものにも従わないような人間なのであって、これはいまに始まったことではなくて、いつもそうなのだ。だから、いままでわたしが言っていた言論（ロゴス）を、わたしがこういうまわりあわせになったからといって、いまさら放棄することはできないのだ。むしろそれらは、わたしにとっては、ほとんど前と変わらないものに見えるのであって、わたしはそこで言われている言論に対して、ちょうど以前に払っていたのと同じ敬意を払い、これを同じものとして尊重しているのだ。だから、もしわれわれが、これまで言われたこと以上に、もっとすぐれたことを、いまこの場で言うことができなければ、いいかね、わたしは決してあなたに譲歩しないだろう(14)」。

対話篇『クリトン』で語られている、この「ロゴスに従う」あるいは「ロゴスを尊重する」ソクラテスは、わたしたちにはなじみのソクラテスである。つまり、知を愛し求めることを死の瞬間までつづけ、また、友人にもそれを勧めるという、「理性のひとソクラテス」である。じっさいに、ソクラテスはこの発言の後、議論によってクリトンたちを説き伏せ、みずからの立場を貫き通した。ソクラテスは、亡命ではなく死を選びとったのだ。このソクラテスの決断は、「ロゴスに従う」ソクラテスの象徴的な場面として後々も理解されたのであろう。序章で引用したプルタルコスの『ソクラテスのダイモニオンについて』のなかでも、取り上げられている。しかもそこでは、「ダイモニオンに従うのではなく」という、文脈のなかで語られているのである。

「最後には、仲間たちがソクラテスの身の保全と逃亡のため熱心に準備を整え、工夫をこらしたにもかかわらず、ソクラテスは、懇願するひとたちに譲歩することもなく、近づいてくる死に屈することもなかったのである。彼は恐れに対しては、揺らぐことのない理性の判断（ロギスモス）を用いて対抗したのだ。ソクラテスは、辻占やくしゃみによってその時々に考えを変えるような人物ではない。むしろ、もっと偉大な指揮者や原理によってすぐれたことへと導かれる人物なのである[15]」。

この発言は、ガラクシドロスの父ポリュムニスによるものである。そして、後ほど明らかにするが、ここで「辻占やくしゃみ」と言われているのが、じつはダイモニオンを揶揄して語られたものなのである。このように「ロゴスに従う」ことを行動で示したソクラテスのすがたと、ダイモニオンを行動の原理にしているすがたとは、やはり相容れないようにも見えるのである。

しかしながら、じつはプラトンによって、「ダイモニオンに従う」ことと「ロゴスに従う」こととの両立可能性が、巧みに用意されていた。結論から言うと、「ダイモニオンに従う」ことをしながら、ソクラテスの行為は、ふたつの局面で、「ロゴスに従う」ことが可能なのである。そのことは、これまでに引用してきたソクラテスの発言のなかにすでに語られている。すなわち、先に注目点のひとつとして挙げた、「禁止の命令」としてのダイモニオン、という点のなかにである。確認しておくと、『パイドロス』においては、「それはいつでも、何かしようとするときにわたしをひきとめる（ἀεὶ δέ με ἐπίσχει ὃ ἂν μέλλω πράττειν）」と言われていた。『ソクラテスの弁明』では、「それが現われる時は、いつでも、わたしが何かをしようとしているときに、それをわたしにさしとめるのでして、それをなせとすすめることは、どんな場合にもないのです（ἀεὶ ἀποτρέπει με τοῦτο ὃ ἂν μέλλω πράττειν, προτρέπει δὲ οὔποτε）」と語られていたのである。

まず、ひとつの局面は、ダイモニオンのしるしに先立って、そこにソクラテス自身による行為への決定がすでにあった、という点である。「はじめのロゴスの局面」とさしあたり呼ぶことにしよう。その局面では、おのおのの発言で同じ言葉が語られている。ダイモニオンは、ソクラテスが「行なおうとしていたそのこと（ὃ ἂν μέλλω πράττειν）」へと向けられたものなのである。しかも、「行為（πράττειν）」と言われていることは重要であろう。つまり単なる「欲求」に対して、ダイモニオンがしるしを与えるのではないのである。たとえば『国家』第四巻で語られる「行為」を思い出してみよう。そこでは、魂の内的な葛藤をへて、その理性的部分の導きのもとにある状態が「正しさ」と定義され、「まさしくそのうえで行為する（δὴ πράττειν ἤδη）(16)」と言われていた。つまり、「ソクラテスが行なおうとすること」に先立って、すでにロゴスによる判断があったのである。

つづいて、もうひとつの局面を明らかにするために、今度は、それらの発言のつづきをそれぞれ思い起こしておきたい。まず『パイドロス』では、「そして、そこからある声が聞こえて、わたしがなんと、神聖なものに対して罪を犯しているから、その罪を清めるまではここを立ち去ることはならぬと、こうわたしに命じたように思えた」、このようにソクラテスは言う。しかしながら、ダイモーンのしるしは、単なる「合図」であり、具体的にこのような内容を命じたわけではない。むしろ、ダイモニオンのしるしをきっかけとして、ソクラテスが、禁止の理由を考えて得た結果であろう。それは、ソクラテス自身がロゴス（理性・議論）によって得たものと言っていいはずである。また、『ソクラテスの弁明』の該当箇所では、ダイモニオンは、国政に参加しようとしたソクラテスに禁止の命令として現われた。先の発言につづけてソクラテスは、「そしてまさにこのものが、わたしに対して、国家のことをするのに反対しているわけなのです。そしてそれが反対するのというのは、わたしには十分うなずけることだと思われる」と語っていた。つまり、ここでも、なぜそれをやめるべきなのかに関して、ソクラテスはみずからのロゴス（理性・議論）によって納得したのである。「あとのロゴスの局面」と言っていいだろう。その局面をしめすいずれの対話篇の場面でも、ダイモニオンはソクラテスにロゴスを働かせることのきっかけとして作用していたのである。

また、この点はさらに『ソクラテスの弁明』の別の個所からも裏付けられる。それは、今度は反対に、ダイモニオンが生じなかった場合のことである。その日、ソクラテスが裁判に向かい家を出ようとしたときも、法廷に入ろうとしたときも、弁論で何かを言おうとしたときも、ダイモニオンは生じなかった。そのことをソクラテスはつぎのように言う。

「妙なことが生じたのです。というのは、わたしにいつも起こる例のダイモニオンのお告げ（μαντική ἡ τοῦ δαιμονίου）というものは、これまでの全生涯を通じて、いつもたいへん数しげく現われて、ごくささいなことについても、わたしの行なおうとしていることが、正しくない場合には、反対したものなのです。ところが今度、わたしの身に起こったことは、あなたたちも親しく見て、知っておられる通りのことでして、これこそ災悪の最大なるものと、人が考えるかもしれないことですし、一般にそう認められていることなのです。ところが、そのわたしに対して、朝、家を出る時にも、神の例のしるしは、反対しなかったのです（ἠναντιώθη τὸ τοῦ θεοῦ σημεῖον）。……それなら何が原因なのでしょうか[17]」。

ソクラテスは「妙なことが生じた」と述べているが、それはここでは、「ダイモニオンが生じなかったということが生じた」という意味である。ダイモニオンは何らかの行為への禁止の命令として現われるが、逆に言うと、ダイモニオンが現われないということはその行為への容認を意味するのである。けっしてダイモニオンは、「何かをなせ」と積極的に何かを指示することはないが、現われないというかたちで、何かしようとしているそのことを容認することはあるのである。そのことは、ソクラテス自身、明確につぎのように語っている通りである。

「そういうひとりにリュシマコスの子アリスティデスがいて、その他たいへん多くのひとたちがいる。もしそういったひとたちがもう一度やってきて、わたしとともにすごしてほしいと願い、あきれるようなことまでして見せる場合、わたしにいつも現われるダイモニオンは、そのあるひとたちとはともにすごすことを妨げ、他のあるひとたちとはともにすごすことを許すのだ（ἐνίοις μὲν τὸ γιγνόμενόν μοι δαιμόνιον ἀποκωλύει συνεῖναι, ἐνίοις δὲ ἐᾷ）。そして後者のひとたちはふたたび進歩を遂げる」。

これは『テアイテトス』という後期対話篇のなかでのソクラテスの発言である。ソクラテスに近づいてきて彼と一緒になろうとする人物が、アリステイデス[19]をはじめとしてたくさんいる。そのさいに、ひとに応じてダイモニオンがソクラテス自身に現われたり、あるいは現われなかったりする。それぞれの場合をソクラテスは、さきのように述べたのである。そこでは、ダイモニオンが「妨げる（ἀποκωλύειν）」あるいは「許す（ἐᾶν）」という言い方がされているのである。

では、もう一度、先の『ソクラテスの弁明』の場面に戻ろう。裁判の当日、裁判所に向かう時にも、弁明をするときも、ソクラテスにダイモニオンが生じなかった。つまり、ソクラテスが行なおうとしていることを、ダイモニオンは「許し」たのだ。その許しを受けて、ソクラテスはやはりここでも、「それなら何が原因なのでしょうか」と問うているのである。そして、そこでソクラテスが行なったロゴス（理性・議論）は、きわめて容易に理解できる。それはこうである。

・これまで、わたしの行なおうとしていることが、正しくない場合には、ダイモニオンはいつも反対した。
・しかるに、いまダイモニオンは反対しない。
・したがって、いまわたしが行なおうとしていることは正しい。

ソクラテスはこの場合も、ダイモニオンに従いながら、同時にロゴスにも従って行為したのである。以上のように、プラトンは、ソクラテスのダイモニオンを、「ある特定の行為に対して禁止を命じるもの」とすることによって、「ダイモニオンに従う」ことと「ロゴスに従う」こととの両立を可能にしたように思えるのである。ここで、ソクラテスにダイモニオンが発現する、あるいはしない場面を定式化してみよう。

（1）ソクラテスがロゴスによって判断し、ある何かを行なおうとする。
（2）そこに、ダイモニオンが現われる、あるいは現われない。
（3）ソクラテスは、さらにみずからのロゴスによってその理由を考察する。
（4）そしてソクラテスは、行為を行なう、あるいは行なわない。

ソクラテスのひとつの行為をこのように分節した場合、結果として行なわれる（あるいは行なわれない）

彼の行為はひとつのもの（4）であるが、そこには、ロゴスに従う局面（1）（3）と、ダイモニオンに従う局面（2）が、ともに共存しているのである。そのソクラテスの行為は、ロゴスに従うとともに、ダイモニオンに従うものである、と言えるのではないだろうか。

わたしは、結論のひとつを先取りして述べるなら、このようなかたちでソクラテスの行為のなかにダイモニオンを位置づけたのは、著者プラトン自身による「ガラクシドロスの問い」への回答であると考えている。というのは、後に考察するが、プラトンと同時代の著作家クセノポンはソクラテスのダイモニオンについて、異なった報告をしており、その他、いくつかの後代の作品がソクラテスのダイモニオンに言及するさいにも、プラトンと同様のものは見いだせないからである。そこにわたしは、プラトン独自の視点から見たソクラテスの弁明があるのではないかと考えるのである。一方で、ダイモニオンなるものを語り、それがゆえに「奇人ソクラテス」という印象を多くのひとたちに与え、ついには告訴のうえ処刑されてしまったという事実を、プラトンは引き受けざるを得なかった。その一方、知を愛し求め、そのさいには理性的であることを重視し、つねにいろんなひとたちと議論をする、「ロゴスのひとソクラテス」に、プラトンは師事してきた。それらの整合的解釈のひとつの道として、プラトンはこのようなダイモニオンのあり方を描き出したのではないだろうか。もちろん、このことを主張するためには、まだ多くの考察が必要である。

ここでこれまでの議論を振り返るとともに、問題を確認しておこう。ソクラテスは自らの行為の原理として、一方で「ロゴス（理性・議論）に従う」「ロゴスを尊重する」と述べながら、他方、日本語で「神霊のようなもの」「神霊のたぐい」と訳される「ダイモニオン」という非理性的なものに身をゆだねている。そのような二面性を、本書では、それにたいして最初に疑義を投げかけた人物の名をかりて「ガラクシドロスの問い」と呼び、考察してきた。「ソクラテスのダイモニオン」とはいったい何なのか。

ソクラテスとともに生きたひとたちの証言として、わたしたちは三つの源を持っている。クセノポンを別にして、これまでにそのうちのふたつの源を考察した。喜劇作家アリストパネスと、哲学者でありかつソクラテスの弟子であるプラトンである。そして、ソクラテスの行為を揶揄しようとしたアリストパネスの作品のみならず、愛弟子プラトンの著作からでさえ、ソクラテスは「新奇なダイモニオン」に従ったという事実が、いやもうすこし穏やかに言うと、そのようにひとびとには理解されていたという事実が見えてきたのである。もちろん、プラトンはソクラテスを擁護する立場にある。じっさいにプラトンは対話篇という著作を書くことで、ソクラテスを弁護したのだ。とくに『ソクラテスの弁明』は、当時のひとびとのソクラテス理解に向けて書かれたと言っていい。だがそこでプラトンがとった戦略は、「ソクラテスへのダイモニオン」への批判を当時のダイモーン信仰へと解消しようとするものであった。つまり、「ソクラテスはダイモニオンを認めている。しかるに、ダイモニオンとはダイモーンに由来するものである。したがって、ソクラテスはダイモーンを認めている」という、きわめて明瞭な論理である。ソクラテスの語るダイモニオンは新奇なものではなく、一般的なダイモーン信仰のもとで理解される、こう主張したのだ。この戦略の妥当性については、さきに述べたように、疑問が残る。ともあれ、ここでかいま見えてきたのは、ダイモーン信仰はソクラテスの時代にかなり一般的なものであった、ということである。「神のようなもの」としてダイモーンは信仰の対象だったのだ。プラトンの著作のなかでもダイモーンは「言い伝えられている」[20]ものとして語られている。すでにソクラテスの時代に「ダイモーン伝説」なるものが存在したようなのである。

そこで、もうひとつの源であるクセノポンの考察に先立ち、プラトンの証言を考察する延長で、ダイモーン伝説を見ておきたいと思う。ただこの作業は、制限を設けないとするならば、果てしのないものとなることが予想される。なにしろ、ダイモーンはギリシア世界のいたるところで登場するからである。また一方、「ギリシアひとたちはダイモーンの本性や起源について、そもそも明確な考えをもってはいなかった」[21]といった絶望的な見解が述べられてもいる。それゆえ本書では、プラトンの対話篇を出発点とし、そこで語られているダイモーンの由来や伝播を、プラトン以前や周辺の作品のなかで探る、という手法をとることにする。そうすることによって、ダイモーン伝説の全体像は無理としても、「ソクラテスのダイモニオン」が語られる背景としてのダイモーン伝説は、浮かび上がってくるであろう。プラトンは、何箇所かでダイモーンについての言い伝えを語っている。その多くは神話

〈ミュートス〉のなかで。次章でわたしが明らかにしたいのは、ダイモーンとは何か、ダイモーンはどのようなものとして語られていたのか、である。

注

（1）プラトンの著作内部での変遷については、本書の補論を参照。
（2）プラトン『パイドロス』二四二B八―C一（藤沢令夫訳『プラトン全集』第五巻、一九七四年）。
（3）プラトン『ソクラテスの弁明』三一D一―六。
（4）同三一C七―八。
（5）プラトン『国家』四九六c三―五（藤沢令夫訳『プラトン全集』第一一巻、一九七六年）。
（6）ソクラテスの弁明『ソクラテスの弁明』二六B二―六。
（7）同二六C一―六。
（8）同二六C七。
（9）ソクラテスの「わな」と多くの論者が指摘している。Brickhouse, T. C. & Smith, N. D. *Socrates on Trial*, Oxford, 1989.（米澤茂・三島輝夫訳『裁かれたソクラテス』東海大学出版会、一九九四年、一九四頁参照。
（10）プラトン『ソクラテスの弁明』二七D六―一〇。
（11）同二八A二―四。
（12）同二七C六―八。
（13）この謎に関するひとつの解釈は、本書の補論で示される。
（14）プラトン『クリトン』四六B三―C三（田中美知太郎訳『プラトン全集』第一巻、一九七五年）。

(15) プルタルコス『ソクラテスのダイモニオンについて』五八一C—D。
(16) プラトン『国家』四四三E二。
(17) プラトン『ソクラテスの弁明』四〇A三—b一、B六。
(18) プラトン『テアイテトス』一五一A一—五（田中美知太郎訳『プラトン全集』第二巻、一九七四年）。
(19) このアリステイデスは、リュシマコスの子である。かの有名な政治家であって軍人としても名をはせたアリステイデスは、リュシマコスの父にあたる。
(20) プラトン『ソクラテスの弁明』二七D九。
(21) Motte, A., "La catégorie platonicienne du démonique" Ries, J. ed. *Anges et démon*, Université de Liège, 1989, p. 208.

第三章　ダイモーン伝説

まず、プラトンの著作の全体を見わたしておこう。プラトンは著作のなかでいくつかの「神話（ミュートス）」をとりあげている。ただ、その数は限定されるし、また内容に関してもふたつに大別することができる。明確なかたちで神話が語られる対話篇は、『ゴルギアス』『パイドン』『国家』『パイドロス』『ポリティコス』『ティマイオス』『クリティアス』『法律』の以上である。そして、前の四つの対話篇で語られるのは「魂の死後についての神話」であり、残り四つのそれは「宇宙の生成、人類の誕生についての神話」である。[1] つまり、プラトンが神話を語るのは、わたしたちが経験することのできない事柄、すなわち、この世界の「はじまり」についてと、魂がこの世界を離れた「その後」についてなのである。ダイモーンは、そのいずれの神話においても、大切な役割を担うものとして登場する。

ところで、プラトンはなぜ神話を語るのか。これは、古くから繰り返される大きな問題である。というのは、プラトンも「ロゴス（議論・理性）」の立場を重視し、ときとして「ミュートス（神話・物語）」は、その対極のものとして位置づけられるからである。[2] そしてまさにこの問題は、本書の主題であるソクラテスの二面性と重なりあうものである。そうであるなら、避けて通れない問いであることになるだろう。わたしは、ソクラテスの問題を整理したうえでひとつの解釈を示したいと考えているが、さしあたっては、つぎの証言をもって、プラトンの神話に対する、ある種の揺れと信頼を確認しておきたい。『ゴルギアス』のなかで、魂の死後についての神話に先立ち、ソクラテスに語らせた言葉である。

「君はそれを神話（ミュートス）と考えるかもしれない、とわたしは思うのだが、しかしわたしとしては、本当の話（ロゴス）のつもりでいるのだ。というのは、これから君に話そうとしていることは、真実のこととして話すつもりだからね(3)」。

第一節　「人間の守護者」としてのダイモーン ――『パイドン』からの遡及

最初に、「魂の死後についての神話」のなかで登場するダイモーンを見てみることにしよう。その神話のひとつは『パイドン』のうちにある。

「その言い伝えはつぎのようなものである。人間が死ぬと、その生存中からすでにそのひとに割り当てられていた各人のダイモーンが、ひとりひとりをかの或る場所へと導いていこうとする。さて、そこに集められた死者たちは、裁きの前に立ち、しかるのちにこの世からの者をあの世へと旅させる使命をおびた、いま述べた導き手とともに、冥界への旅をつづけねばならないのである。そしてかのところで出会うべきさまざまな出来事に出合い、留まるべきあいだ留まれば、ふたたび別の導き手が、その者たちをこの世へと連れてくるのだが、その間には、じつに長い時のめぐりが、しかも幾度となく重ねられていくのである(4)」。

プラトンの中期対話篇に位置する『パイドン』は、魂の不死が大きなテーマである。処刑を間近にひかえたソクラテスは、かりに身体が滅びるとしても魂は生きつづけることを、彼の死を嘆く友ひとたちに納得させねばならない。そのためにソクラテスは、いくつかの議論（ロゴス）を展開したあと、ひとつの神話（ミュートス）を対話相手であるシミアスに語った。いま引用したのは、そのなかでのソクラテスの言葉である。その神話によると、不死である魂は、身体から離脱したあと、「生存中からすでにそのひとに割り当てられていた」ダイモーンを「導き手（ἡγεμών）」としてあの世での旅をつづけ、また別のダイモーンによってふたたびこの世の別の身体へと連れ戻されるのである。その期間は、「じつに長い時のめぐりが、しかも幾度となく重ねられていく」と語られている。

これは、魂の輪廻転生とも言える考え方である。そして、魂が（身体の）死後どのような運命にあるか、すなわちダイモーンにどのように導かれるかは、そのひとの生前の行ないによって決定される。それをプラトンはつぎのようにつづけている。

「慎みをもち、思慮にひいでた魂であれば、自らの導き手のままに従うのであり、またまさに、かしこにおいて生じるこれらの事柄について、無知ではない。ところがしかし、身体への執着をもちつづける魂となれば、先にも言ったことだが、いつまでも肉体とか、可視のこの領域への未練をすてえず、逆上して散々に反抗し、いろいろと痛い目に遭わされたあげくに、ちからずくで、かろうじて、その任にあたるダイモーンによって連れ去られていくのだ。……

ところが、ひるがえって、清浄に、あやまつことなくその生を終えた魂というのは、神々を、その途の同伴者とも導き手ともなして、それぞれがその魂にふさわしく定められた場所に住まうようになるのである(5)」。

この対話篇『パイドン』で語られる「哲学とは死の練習である(6)」という命題はあまりに有名であろう。つまり、死とは身体と魂の分離である。そして、この世においては、「身体への執着」からできるかぎりはなれて、本当の知を愛し求めることが求められる。だからこそ、哲学とは身体からはなれること、すなわち死の練習なのである。そのような哲学の営みを通して「清浄に、あやまつことなくその生を終えた」魂こそが、いやそれのみが、やがて輪廻転生から解放され、「浄福者の島(7)」へ向かうことが許されるのである。そういった魂はあの世において、「同伴者（συνέμπορος）」とも言われるダイモーンに従い、他方、そうでない魂たちは、ダイモーンによって力ずくで連れ去られる。このように神話は言い伝えるのである。

つまり、人間はダイモーンによって、みずからの行ないの善悪を知らしめられることになるのだ。おそらく、この神話の真意は、因果応報を説くことにあるのであろう。なぜひとは正しく生きなければならないのか、という問いに対する、神話を用いたプラトンのひとつの回答とみなしていいかもしれない。そして、たしかにダイモーンは、清浄でない魂に懲らしめを与える。だが、それは決して悪意によるものではない。むしろそうすることで人間を守護するのが、ダイモーンの役割なのである。そのことを告げる神話が、やはりプラトンの対話篇のなかにある。

中期対話篇『国家』第十巻に、同じような文脈で、かつダイモーンが語られる「魂の死後についての神話」がある。そこではまず、ダイモーンはつぎのように登場する。

「これは、アナンケーの御娘、処女ラケシスの御言葉である。はかなき魂どもよ、いまこそ、死すべき種族にとって、死をもたらす周期の初めなり。ダイモーンが汝らを籤にて引き当てるべきにあらず。むしろ汝みずからダイモーンを選ぶべし(8)」。

これは、いわゆる「エルの神話」の一部である。『パイドン』と同様に、魂はその死後、生前の行ないに応じた報酬を受けることを、『国家』では、パンピュリアの兵士エルの体験談として、ソクラテスが語り聞かせる。それによると、兵士エルは戦死した後、一二日目、火のついた薪の上に横たえられたときに蘇った。そしてみずからがあの世で見てきた光景を語ったのである。それが、「エルの神話」と呼ばれる。エルの魂は、さまざまな魂がそれぞれの行ないに応じて、さまざまな報いを受けているのを目の当たりにした。つづくあの世での旅路をへて、運命の女神たちの前にたどりつくと、その女神のひとりであるラケシスの意が、神官を通じて語られた。その言葉がさきの引用である。

『パイドン』の神話と同じように、ダイモーンは死後の魂に関与するものとして語られているが、ここでは、魂のほうから「選ぶ」と語られている[9]。ただ、魂による選択のうえ、最終的には、女神ラケシスがダイモーンを「生活の守護者（φύλαξ τοῦ βίου）」として魂に引き渡すのである。それは、つぎのように言われる。

「ラケシスは、それぞれのもの（魂）に、彼の選んだダイモーンを、彼の生活の守護者として、彼の選んだことを満たしてやる者として、一緒につけてやった[10]」。

さて、ダイモーンが魂に割り当てられるのか、それとも魂がダイモーンを選びとるのかという違いがあるとはいえ、『パイドン』と『国家』で語られる神話の共通点に注目するならば、これらのダイモーン伝説の由来を探ることはそれほど困難なことではない。

まず、いずれの神話も魂の輪廻転生という大きな枠組みが共通している。その枠組みについては、オルペウス教という由来、さらにはその後のピュタゴラス派による変容が指摘されている。[11] だが残念ながら、オルペウスの教義を明らかにする資料は、わたしたちの手元にはほとんど残されておらず、全体はおろか輪郭すら定かにすることはできない。しかし、わたしたちの主題であるダイモーンに限定するならば、そしてとくに「導き手」や「守護者」という、それらに共通した役割に注目するならば、わたしたちは容易に、ヘシオドスの作品にたどりつくことができるであろう。彼の作品『仕事と日』のなかに、つぎの一節がある。

「しかし大地がこの種族を隠した後は、大神ゼウスの思し召しによって、彼らは地上の善きダイモーンとなり、死すべき人間の守護者（φύλακες θνητῶν ἀνθρώπων）として、靄に身を包み、地上をくまなく徘徊しつつ、正義と悪業とを見守り（φυλάσσουσιν）、人間に富を授ける。このような王権にも比すべき特権を与えられたのだ[12]」。

ヘシオドスは、紀元前七百年頃に活躍したと推定される叙事詩作家である。彼の作品のひとつ『仕事と日』は人間の勤労を説くものであるが、そのなかに人間の歴史を語る個所がある。「五時代の説話」として有名なその説によると、人間の歴史は、金・銀・青銅・英雄・鉄の五つの時代からなるという。かつてオリュンポスの神々は、最初に人間の「金の種族」を造った。それは、クロノス神の統治する時代にあって、ひとはすべて「心に悩みもなく、労苦も悲嘆も知らず、神々と異なることなく暮らしていた[13]」とされる。そしてその後、ゼウスによってダイモーンにされた。さきの引用はそのくだりである。

ここで言われている「この種族」とは、その「金の種族」のことである。つまり、ダイモーンとは、神々と異なることのない生をすごした人間が、その死後、ゼウスによって、「人間の守護者」として形を変えられたもののことなのである。この「金の種族」のあと、銀、青銅、英雄、鉄と時代がすすむにつれ、人間は退化の歴史をたどる。ヘシオドスの生きた時代や、またいまわたしたちの生きる時代は「鉄の時代」にあたる。それは「昼も夜も労役と苦悩に苛まれ、そのやむときはないであろうし、神々は過酷な心労の種を与えられるであろう、さまざまな禍いに混ざって、なにがしかの善きこともあるではあろうが[14]」と言われる時代である。しかし、それは絶望だけの時代なのではない。それぞれの仕事（役割）を果たすことによって、正義を実現することは可能な社会が語られているのである[15]。だからこそ、「正義と悪業を見守る（φυλάσσειν）」ダイモーンが必要なのである。ダイモーンは、ひとがこの世に生きているあいだも、またおそらく、懲罰を与えるというかたちで身体の死後も、正しい生き方へと導くのである。語られている通り、ダイモーンとは「善き」ものであり、「死すべき人間の守護者（φύλαξ）」なのである。たしかに、プラトンにおいては「魂の死後についての神話」のなかでダイモーンは、その役割を担っていた。それにたいしてヘシオドスの伝える神話は、むしろ「はじまり」についてのものである。しかし、プラトンの場合でも、はっきりと「生存中からそのひとに割り当てられていた」と語られている。さらには、輪廻転生の考え方では、「その後」と「はじまり」は円環的に連なるものである。そして、プラトンがこのヘシオドスの伝えるダイモーンの影響下にあったことは、さきに挙げた神話からも見て取れるし、また、『国家』と『クラチュロス』の二個所で、まさにこのヘシオドスの一節が引用されていることからも明らかであろう[16]。

また、プラトンよりも時代は後のことになるが、紀元後四世紀後半に活躍した喜劇作家メナンドロスにも、「善き導き手」としてのダイモーンを伝える以下のような断片が残っている。

「すべての人間にはダイモーンがつきそう、
そのひとが生まれるやいなや、生活の善き導き手（μυσταγωγὸς βίου ἀγαθός）として。
ダイモーンが人生を痛めつける悪しきものであるとか、
悪意を持つとか考えてはならず、
神はすべて善きものであると考えるべきだ[17]」。

これらの事実は、プラトンが『パイドン』においてソクラテスに語らせた、あるいは、『国家』のなかで兵士エルという人物を通して語った「人間の守護者」としてのダイモーンが、古くからの「言い伝え」に由来するということを、しかも、当時かなり一般的なものであったことを告げている、このように言っていいであろう。「神のようなもの」であるダイモーンは、人間それぞれの守護者として、それぞれの生活が正しいものとなるように導く、そういう役割を担っているのである。ダイモーンはときとして「守護霊」と訳されることもある。これまでの考察の範囲では、適訳かもしれない。

第二節　神々とダイモーン――『ポリティコス』『法律』へ

つづいて、今度はプラトンの「宇宙の生成、人類の誕生についての神話」で登場するダイモーンを見てみよう。プラトンの後期対話篇『ポリティコス』のなかで、登場人物のひとりエレアからの客人は、つぎのような神話を語る。

「つまり当時は、神（θεός）が宇宙の円環運動の全体にかくべつのみ心を配りたまい、これを直接に統御しておられた。そしてさらに、世界のどの場所を見ても、その事情は世界の全体と同様であって、宇宙のすべての部分は、それぞれべつべつに、めいめいべつべつの神々のみ手に割り当てられて、その統御を受けていたのだ。だからまた、動物をも、その種類ごとに、さらに種を同じくする動物群ごとに、神のようなもの（θεῖοι）であるダイモーンたちが、いわばその保護者（οἷον νομῆς）となって、分担して受け持っておられたのだ[18]」。

この神話によると、宇宙生成論という壮大なスケールのなかで、ダイモーンには独自な役割が与えられている。ここで言われている「当時」とは、神クロノスが統治していた時代である。そこでは、さきのヘシオドスの神話と同様に、理想郷とも言える世界が成立していた。そのなかでのダイモーンの役割は、やはりここでも「保護者（νομεύς）」なのである。たしかに、「牧人」とも訳される単語が用いられていることや、人間のみならず「動物」をも保護の対象となっている点が、違いとして気になるところではある。しかしそれ以上に、ダイモーンが「神（θεός）」ではなく「神のようなもの（θεῖος）」と語られている点に注目しよう。それは、どのようなものなのであろうか。神とも異なり、また人間とも異なるものとしてのダイモーンという位置づけを、わたしたちはプラトンの他の著作でも見ることができる。それは、『法律』という『ポリティコス』よりもさらにあとに書かれた対話篇である。登場人物のひとりアテナイからの客人は、同じくクロノス神についての「神話」のなかでつぎのように語る。

「神クロノスは当時、わたしたちの国家に、王ないし支配者として、人間ではなく、神により近く人間よりもすぐれた種族、つまりダイモーンをあてがったのでした(19)」。

そのダイモーンは、やはりこれまでと同様に「わたしたちの面倒をみる（ἐπιμελούμενον ἡμῶν）(20)」ことが役割なのである。一方、わたしたち人間の側からは、そのお礼として神やダイモーンへの儀式が求められ、そのあり方の序列はつぎのようにあるべきだと言う。

「思慮ある者なら、これら神々のつぎにはダイモーンたちのために、またダイモーンたちのつぎには英雄たちのために、儀式を執り行なうであろう[21]」。

ここにでてくる「英雄」とは、神話や詩のなかで登場し、ひとびとの尊敬に値する行ないをするのであるが、あくまでも人間である。そしてダイモーンは、そういった人間と神々とのあいだに位置するものとして語られているのである。このような位置づけについて、ある論者は、「神々と英雄たちと並ぶ特定の階層としてのダイモーンという範疇を創り出したのは哲学、ことにプラトンであったが、これは決して民間信仰とはならなかった[22]」と述べ、一般的なダイモーン信仰とは区別している。わたしは、たいへん興味深い指摘であると思う。というのは、『ポリティコス』で神話を語った「エレアからの客人」も、また『法律』での「アテナイからの客人」も、ともに近年の解釈では「プラトンの代弁者」とみなされ、それら後期著作においてプラトンは自分自身の意見を述べていると考えられるからである[23]。わたしは、この中間者という位置づけがプラトンによるのではないかという点で、論者の見解に賛同するが、すこし細かく言うと、ダイモーン伝説をプラトン自身が徐々に変容させていったのではないかと考えている。その理由は、プラトンの初期から中期にかけての対話篇では、そのような位置づけは見られないからである。むしろ、さきにあげた中期著作『パイドン』、さらには第二章で言及した初期著作『ソクラテスの弁明』などでは、ダイモーンは神と同じ階層で語られている。『パイドン』の該当箇所では、ダイモーンがすぐに神と言い換えられていた。[24] また、『ソクラテスの弁明』でも、同じ話の流れのなかで、「ダイモニオンのお告げ」が「神のしるし」と言い換えられていたのである。[25] そして何より、『ソクラテスの弁明』で、ソクラテスを弁護するさいに展開された例の論理は、[26] ダイモーンが神と同一視されていることが前提となってはじめて成立するのである。もしそうだとすると、初期から後期にかけて、プラトンによるダイモーン理解に変化があったと考えるのが自然であろう。

そして、初期のプラトンに見られる神とダイモーンとの同一視、あるいはそれらの区別の曖昧さについては、今日でもよく指摘されることであるし、[27] プラトン以前のさまざまな作品のなかに多くの事例がある。ホメロスしかり、悲劇作家しかり、またソクラテス以前の哲学者たちもそうなのだ。タレスは、「宇宙世界は生命をもったものであり、ダイモーンに満ちている」[28] という立場をとったと伝えられる。エンペドクレスやパルメニデスも、[29][30] 宇宙生成論と言っていい文脈のなかでダイモーンを語ったとされる。そして、それらはすべて「神」と言い換えて何ら不都合はなく、これまでの翻訳でもじっさいに「神」と訳されてきたのだ。ホメロスでも、神とダイモーンの区別については、まったく無頓着と言っていい。[31] 悲劇作家たちも、アイスキュロス、ソポクレス、エウリピデス、三大悲劇作家と称されるいずれもがそうである。ゼウスがダイモーンと呼ばれ、またアポロンも、そしてクロノス、アレス、ガイアと、まさしくギリシアの代表的な神々が、ときとしてダイモーンと呼ばれているのである。[32]

ただひとつ、この曖昧さとは別に、指摘しておかねばならないことがある。悲劇作家たちの作品のなかには、やはり三者共通して、神と同じ意味で用いられているダイモーンとは別に、「個人のダイモーン」といったものが、頻繁に語られているのである。「わたしのダイモーン」といった表現や、[33]「ダイモーンがわたしに宿る」[34]、あるいは、「ダイモーンに生まれつく」[35]といった言葉づかいなどから、それは見てとれる。これらはしばしば日本語では「運命」とも訳されるが、おそらく、それは、さきのヘシオドス的な、「人間の守護者」というダイモーンの側面が語られているのであろう。

プラトンの考察に話をもどそう。さきに指摘した『ソクラテスの弁明』や『パイドン』などでの、ダイモーンと神との言い換えは、こういった伝統のもとで理解されねばならないだろう。それらを源として、プラトンは徐々に「神と人間の中間者」というダイモーンの位置づけにたどりついたのではないだろうか。そして、さきの論者はそのような位置づけは「民間信仰とはならなかった」と主張したが、わたしはむしろ、歴史の流れのなかでは区別を鮮明にする方向に向かったのではないかと考える。たとえば、アリストテレス著作集に含まれる『徳と悪徳について』のなかにも、同じような一節があるのだ。

「正しいことのうちの第一のものは、神々に対する正しさであり、つぎは諸々のダイモーンに対する正しさであり、つぎは祖国および両親に対する正しさであり、つぎは故人に対する正しさである」(36)。

この『徳と悪徳について』は偽作とみなされ、成立年代は確かではない。だが間違いなくプラトン以降に書かれたものである。そうだとすると、ダイモーンは、神より下位にあって、人間よりも上位にあるという位置づけは、後の時代ほど明確であるようにも思われる。そして、ひょっとするとその転換点であるかもしれないプラトンの著作がある。次節で考察する『饗宴』である。

第三節　神と人間の媒介者としてのダイモーン――『饗宴』からの遡及

まず、ダイモーンが神と人間とのあいだに位置づけられている個所を挙げることにしよう。

「それ（神エロース）は偉大なダイモーンなのですよ、ソクラテス。そしてダイモーンのたぐいはすべて神と死すべきものの中間にあるのです(37)」。

対話篇『饗宴』は、プラトンのなかでは中期のはじまりに書かれた作品であり、主題はエロース（愛）

である。そして、そこでは、とりたてて「神話」として語られているわけではない。しかし、そのなかでソクラテスが伝聞形式で語るディオティマの神エロース論や、それに基づくエロース（愛）論は、その秘儀なるものがわたしたち通常の人間に経験できないという点からすると、(38)さきに述べた神話の条件を満たしていると言えるかもしれない。ディオティマによるいまの発言も、神話の言葉として理解したほうがいいかもしれない。

ところで、『饗宴』はじつに不思議な作品なのである。ここでは、ダイモーン解釈に関わることのみ触れておこう。まずは、幾重もの伝聞形式をとるそのスタイルである。なぜ著者プラトンはそのような複雑な形式を採用したのだろうか。つぎに、第一章で考察した喜劇作家アリストパネスが登場人物のひとりになっている点も興味深い。この対話の設定年代は前四一六年と思われるが、その年は、ソクラテスを「悪しきダイモーンに憑かれた人物」とさんざん揶揄した『雲』が上演されてから七年後となる。その対話のなかで、アリストパネスはエロースについて、対話相手から称賛されるような説を披露したあと、今度はソクラテスの話をおとなしく拝聴しようとさえするのである。(39)なぜ著者プラトンは、論敵とも言えるアリストパネスを批判せずに、このような人物として描いたのだろうか。最後に、ソクラテスが伝えるディオティマという女性についてである。アテナイの疫病の発生を一〇年間遅らせたという逸話とともに、宗教的で「恋の道」に長けた実在の人物としてディオティマは描かれているが、なぜプラトンはそのような女性を登場させたのだろうか。これらの問いについては、明確な答えが与えられるわけではない[40]。ともかく、そのような設定のなかでディオティマが語った、ダイモーンを「神々と人間の中間者」とする見解を受けて、ソクラテスは「それはどんな能力（δύναμις）を有するのですか」と教えを請うた。するとディオティマは、つぎのように答えたそうである。

「ダイモーンは、神々へは人間からのものを、また人間へは神々からのものを伝達し送り届けます。つまり、人間からは祈願と犠牲とを、神々からはその命令と犠牲のお返しとを。そして、これら両者の中間にあって、その空隙を充たし、世界の万有がひとつの結合体であるようにしているものです。また、すべての占いについても、さらには犠牲式、秘儀、まじない、あらゆる予言と魔術、それらにかかわる聖職者の術にしても、すべてことが運ぶのは、ダイモーンを通してのことなのです。神は、人間と直接交るのではなく、神々における人間との交際と対話とは、相手の人間が目覚めている時でも、眠っている時でも、すべてダイモーンを通じてなのです。そして、いま言ったような事柄における知者は、ダイモーンのような人間というのですが、それとは何か別のことで知者である場合には、それが何らかの技術に関するものであれ、あるいは手細工のことであれ、世俗的な人間というのです。じつにこれらダイモーンは数も多く、種類もありとあらゆるものがあります。そのなかのひとつがエロースなのです[41]」。

ここでディオティマが語った、「神々と人間との中間者」としてのダイモーンは、『饗宴』の主題の流れにそって、やがて「知ある神」と「無知なる人間」との中間者である「哲学者（知を愛する者）」のあり方と重ねられていくことになる。この対話篇でも哲学のすすめが基本的なモティーフとなっているからだ。しかし、すこしとどまってこのディオティマの発言に注目すると、すでに前節から述べている中間者という位置づけと関連して、さらに指摘すべき点がふたつあるようにわたしは思う。

ひとつは、中間者であるダイモーンが、それら両者、つまり神と人間を媒介するものであるがゆえに、「占い（μαντική）」や「予言（μαντεία）」を可能にする、と言われている点である。こう聞くと、わたしたちはただちに、第二章で考察した、ソクラテスのダイモニオンに関する発言を思い起こすであろう。『ソクラテスの弁明』では、ダイモニオンは「神のしるし」と言われていた。また『パイドロス』でソクラテスは、ダイモニオンを語る文脈で、「わたしは占いができるのだ（εἰμὶ δὴ οὖν μάντις μέν）」とも、さらに「魂というものは、一種の予言の力をもっている（μαντικόν γέ τι καὶ ἡ ψυχή）」とも語っていたのである。そうだとすると、ダイモーンが予言の能力を有するというのは、当時の一般的な理解なのかもしれない。

さらにまた、ダイモーンが予言にかかわるという言い伝えは、プラトン以前にも見つけることができるのである。歴史家ヘロドトスの『歴史』のなかには、つぎのふたつの事例が報告されている。

「ダイモーンがキュロスに予告していたのは（ὁ δαίμων προέφαινε）、じつは、キュロスがこの地で最期を遂げ、その王位がダレイオスに移るということであった[42]」。「ダイモーンが夢で、謀反を起こすぞとわたしに予告した（ὁ δαίμων προέφαινε）スメルディスという人物は、マゴス僧のスメルディスであったのだ[43]」。

歴史家ヘロドトスは、プラトンが生まれた数年後に没したと伝えられる。そして、彼の書『歴史』は、「ギリシア人たち、および異邦人たちの偉大な驚嘆すべき事蹟[44]」を、ヘロドトスが自身の歴史的探求にもとづき書き記したものである。さきのふたつの引用のうち前者は、その書物のなかの、ペルシア王キュロスについてのヘロドトスの自身の言葉であり、後者は、王キュロスの子カンビュセスが、自身で亡きものにした実弟スメルディスについて語った言葉である。場面についてこれ以上の詳細な記述は不要であろう。ダイモーンは、それらのいずれにおいても、これから生じることを「予告する（προφαίνειν）」ものとして描かれていたのである。さらに付け加えておくと、ダイモーンだけでなく、『歴史』には、神託や占いに満ちた世界が記述されているのである。

さて、以上のように、もしダイモーンに「神々からのものを人間に伝達する」予言の能力があるなら、そしてそのようなことが一般的に伝わっていたならば、ソクラテスがダイモニオンを「神のしるし」として語ったことも、けっして「新奇なもの」とは言えないはずである。問いは、ふたたびソククラテスのダイモニオンの「新奇さ」に戻ることになるだろう。

そして、さらにもう一点、さきのディオティマの発言には、注目すべき点がある。それは、中間者ダイモーンに由来する知、すなわち、「ダイモーンのような人間の知」と、技術や手細工などの「世俗的な（βάναυσος）人間の知」が区別されている点である。この区別もまた、『饗宴』のなかでは振返られることなく議論は進むが、「ガラクシドロスの問い」と照らして考えるなら、あるひとつの回答を示唆しているようにも思われる。つまり、「ダイモニオンに従う」人間の知のあり方と、それとは無関係に人間自身で手に入れる知のあり方とを区別することも可能であろう。そして後者を、ひょっとすると「ロゴスに従う」と言ってもいいかもしれない。なぜなら、技術というものは、言うまでもなく、プラトンにとってはロゴスによる知に他ならないからである。しかしながら、知に関するこの区別について、わたしはプラトンのもとで強調するつもりはない。やがて次章で、クセノポンの報告を聞くとき、この区別はより鮮明なものとして現われてくるであろう。

第四節　魂の一部としてのダイモーン —— 源流としての『ティマイオス』

では最後に、もういちどプラトンの報告する神話に戻って、そこに見出されるダイモーンを考察することにしよう。後期対話篇『ティマイオス』では、「宇宙の生成、人類の誕生についての神話」が語られ、これまでとは異なり、人間の魂のうちに、その一部分として内在するダイモーンが登場する。「そもそも神は、それ［魂の支配的部分］をダイモーンとして各人に与えた（ἑκάστῳ δέδωκεν）。この部分はわたしたちの身体の頂上を住み家とし、わたしたちを大地にではなく天に根を持つ植物のように、大地から天上の同族のものたちのところへと引き上げる、こうわたしたちは主張する」(45)。

この発言主は、対話篇『ティマイオス』の中心人物であって、「仲間のうちではいちばん天文学に通じたひとで、万有の本性について知ることをとりわけ知ることを自分の仕事としてきた」(46)ティマイオスという人物である。ティマイオスは、ソクラテスに請われて、「万有について人間の生成に至るまでを説明する」(47)ことを試みた。さきの引用は、その最後の段階として、人間の魂の生成が語られる場面での発言である。ティマイオスは、「わたしたちのなかには三種類の魂が三つの場所にすみ、それぞれが自分の運動をもっている」(48)と言う。それらのなかの「神的部分」とも名づけられる「支配的部分」は、さきの引用によると、「身体の頂上」である頭をみずからの場所とし、「同族のものたち」が住まう「天上」へと向かい、それゆえに人間は直立しているのだと言う。ここでティマイオスが語る魂の三種類とは、『国家』のなかでプラトンがソクラテスに語らせた魂の三区分、すなわち、理性的部分、気概的部分、欲求的部分に重なるものであろう。そうだとすると、ティマイオスはここで、魂のなかの「支配的部分」が、そして『国家』の区別で言うと「理性的部分」が、神によって与えられたダイモーンそのものだと述べているのである。

さらにティマイオスは、そのようなものとして生まれた人間は、ダイモーンである「魂の神的部分」を訓練すべきであると言う。欲望や野心にひきまわされることなく、つぎのように努めねばならないのである。

「また人間は、学びを愛することと真の思慮に努め、彼自身の持つその支配的部分を、他のもの以上に訓練する（γεγυμνασμένῳ）ならば、真理に触れる時にはまったく確実に不死にして神的な思いをもつことになる。そして彼は、人間的本性があずかることの許された限りの不死性をすべて受け取り、その一部を残すことはないだろう。また彼は、常に神的部分の世話をし（θεραπεύοντα）、自分のなかに住むダイモーンが（τὸν δαίμονα σύνοικον ἑαυτῷ）よい状態にあるように世話するので、彼は必ず幸福なひと（εὐδαίμονα）になるのである」[49]。

つまり、ティマイオスが言うには、魂のうちにあるダイモーンを「訓練」し、「よい状態にあるように世話」するひとこそが、直訳すれば「善きダイモーンに憑かれた者（εὐδαίμων）」に、すなわち、さきの訳語で言うと「幸福なひと」[50]となるのである。

これらティマイオスが語るダイモーン伝説を見ると、これまでの考察が明らかにしてきたダイモーンの特徴がいくつも示されている。まず、ダイモーンが「各人に与え（ἑκάστῳ δέδωκεν）」られているという表現は、『パイドン』での「各人に割り当てられた（ἑκάστου εἰλήχει）」[51]ダイモーンを彷彿とさせるであろうし、「それぞれのひとにそれぞれのダイモーンが」というそのあり方を伝えるものであろう。また、ダイモーンが神と区別されている点も、プラトン後期の著作で見られたダイモーンの特徴である。さらには、幸福が「よいダイモーン」という語源と関連して語られていることも、ダイモーンが人間を守護し、行ないの善悪を示すという言い伝えと重なり合うかもしれない。善きダイモーンによって守護され、人間は「幸福なひと」になるのである。

だが、それらとは別に、またそれらと一部関連して、あらたな興味深いことがここではふたつ語られている。ひとつは、人間の魂の一部分として、すなわち「支配的・神的部分」としてのダイモーンというあり方。もうひとつは、人間がダイモーンを「訓練する（γυμνάζειν）」あるいは「世話をする（θεραπεύειν）」と語られている点である。素朴な問いとして、「神のようなもの」であるダイモーンを、それより下位の存在である人間が訓練や世話をすることがありうるのだろうか。むしろさきの考察では、ダイモーンが人間にたいして「守護する」「面倒をみる」と言われていたはずである。また、本章で問いつづけてきたことであるが、このようなダイモーンについての考え方は一般的なものであるのだろうか。さらに、その由来をどこかに見出すことはできるだろうか。

まず、「魂のうちに、その一部分として内在するダイモーン」という点については、わたしの知るかぎり、プラトン以前のギリシア世界にそれを見つけることはできない。けれども、それは当然であろう。なぜなら、そもそも魂を三つに区分し、その内的な葛藤を見事に描き出したのは、他でもないプラトンが初めてだからである。さきに述べた『国家』でソクラテスが語らせた三区分のことである。もっとも、『ティマイオス』では、神話の語り手はイタリアのロクリスのひとティマイオスであって、ソクラテスは聴き手という設定になっている。しかしだからといって、プラトンはその神話を外来の思想として紹介したと考える必要はないであろう[52]。むしろ、これまでの神話がそうであったように、多くのひとをその語り手とすることで、プラトンは、そこで語られている内容が、けっして特定のひとの語る特定のものではない、と告げようとしたのかもしれない。あるいは、ここでもティマイオスをプラトンの理想を語る人物とみなすことも可能である[53]。そうだとすると、『国家』でソクラテスに語らせた魂の三区分説の延長線上に、プラトン自身があらたに「その一部分としてのダイモーン」という考え方を、神話というかたちで導入したことになるだろう。対話篇『ティマイオス』の人物設定や議論構成は、きわめて示唆的である。というのは、まずはソクラテスが『国家』での議論を「きのう語られた話[54]」として要約したうえで、ティマイオスが語り始めるからである。わたしは、ティマイオスが語る「人間の魂のうちに、その一部分として内在するダイモーン」なるものは、プラトンこそがその源流であると考えている。そして、わたしがここで「源流」と言うのには理由がある。先取りして述べるなら、やがてこの考え方が、「ガラクシドロスの問い」を経由して、プルタルコスの著作のなかで、ひとつの完結した説明に漂着するからである。

では、もうひとつの点、そのようなダイモーンを「訓練する」であるとか、「世話をする」とは、どのような事態なのであろう。まず言わねばならないのは、プラトンにとって「悪しき神」といったものの存在は考えられていない。『国家』では、神はあくまでも善の原因であることが語られ[55]、『ティマイオス』でも、神はみずからの善をもとに世界を創造したことが語られている[56]。このような考え方は、当時のゼウスを筆頭とする自由奔放な神観とはまったく異なるが、プラトンはそのことを意識してそう主張するのである。そうであれば、「神のようなもの」であるダイモーンも、同様に「善きもの」と考えていいだろう[57]。だからこそ「人間の守護者」という役割が果たせるのである。そうすると、善きものであるダイモーンを訓練したり、世話をしたりする必要などないはずなのである。だが、この点に関しては、解釈はそれほど難しくない。さきの魂の三区分をあてはめればいいだけのことである。つまり、「訓練」すべきなのは、厳密には魂の下位の部分であって、指導的部分であるダイモーンは、そのさいにみずからの力を発揮するだけでいいのである。つまり、「学びを愛することと真の思慮に努める」ことによって、魂は全体としてすぐれた状態となり、そのような魂を持つひとは正しい行ないをし、そしてまさしく「エウダイモーンな（幸福な）ひと」となるのである。ここでも、ダイモーンは哲学のすすめのなかで語られている。そしてもちろん、このような意味での「ダイモーンの訓練」という考え方についても、プラトン以前に源はない。なぜなら、さきほどと同じく、魂の三区分という発想がプラトンにはじまるからである。

ここですこしまとめておこう。ダイモーンとは何か、ダイモーンとはどのようなものとして語られていたか、この章の問いに対する答えとしては、以下の点を挙げることができるだろう。

（一）ダイモーンは、人間それぞれの守護者として、人間を正しいことへと導く。
（二）ダイモーンは、「神のようなもの」として、神とも人間とも区別され、それらの中間に位置する。
（三）ダイモーンは、予言の能力を有する。
（四）ダイモーンは、人間の魂のうちに、その理性的な部分として内在する。

もちろん、考察の途中でも指摘していたように、伝えられる神話ごとに異なりはある。定式化してひとつのダイモーン像を描くことは不可能である。だが、むしろそれは、ひとつの統一的な「ダイモーン伝説」があったわけではなく、多様なダイモーンの理解があったことを告げているのではないだろうか。プラトンは、あるときは神話というかたちで、またあるときは伝聞形式のなかで、ダイモーンを登場させた。それらの語り手もじつにさまざまであって、同じ語り手によって同じ仕方で語られたことはない。そのことも、ひょっとすると、ダイモーン伝説の多様性を告げる意図があったからかもしれない。だが他方、そのような多様なダイモーン伝説を、プラトンは一貫して、哲学のすすめと関連させて語っていた。これはたいへん興味深いことである(58)。

そして、この章の考察で明らかになったことを踏まえて、ふたたび、プラトンの報告する「ソクラテスのダイモニオン（ダイモーンのようなもの）」と照らし合わせてみると、後期プラトンに源流を見た（四）は別として、それぞれの特徴が「ソクラテスのダイモニオン」にもあてはまるようだ。つまり、「ソクラテスのダイモニオン」は、当時のダイモーン伝説のもとで理解されるのであり、けっして「新奇なもの」とは言えないように思われる。すくなくとも、それを理由に断罪されるようなものではないだろう。謎は深まるばかりである。わたしたちはつづいて、ソクラテスを伝える最後の証言者クセノポンの考察に向かうことにしよう。

ただその前に、ダイモーン伝説に関する考察の最後に、まったくダイモーンについて論じることのなかった人物についても、ひとことだけ言及しておきたい。それは哲学者アリストテレスである。もちろん、彼の著作のなかでダイモーンがまったく語られていないわけではない。しかし、数少ないアリストテレスのダイモーンへの言及は、文法的なことを説明するためのたんなる素材であるか、悲劇作家の引用であるかであり、アリストテレス自身の積極的な議論は皆無なのである。[59] この「アリストテレスの沈黙」をわたしたちはどのように理解すればいいであろう。アリストテレスは、タレスを最初の哲学者として認定した人物である。そのアリストテレスは、タレス以前のひとたちを「神話を愛するひと」「神々を語るひと」と呼んで区別した。[60] しかも、「神話を語るひとたち議論は真剣に検討するには値しない(61)」と批判さえした。これらのことは、アリストテレスが純粋に「ロゴスのひと」であったことを告げるのかもしれない。

注

(1) 國方栄二『プラトンのミュートス』京都大学学術出版会、二〇〇七年、一三七頁参照。
(2) Nestle, W., *Vom Mythos zum Logos*, Stuttgart, 1940, S. 1.
(3) プラトン『ゴルギアス』五二三A一―三（加来彰俊訳『プラトン全集』第九巻、一九七四年）。
(4) プラトン『パイドン』一〇七D五―E四。
(5) 同書一〇八A六―三、C三。
(6) 同書八一A一―二。
(7) この言葉は、『パイドン』の神話ではなく『ゴルギアス』五二三B一の神話で出てくるものであるが、内容的に同様の島への言及が『パイドン』一一一A六にもある。
(8) プラトン『国家』六一七D六―E一。
(9) この点については、『国家』は『パイドン』よりも後の作品であることからも、「伝統的な考え方に思想的変更を加える」と言えるのかもしれない。藤澤令夫「『パイドン』注」、『プラトン全集』第一巻、岩波書店、一九五七五年、三二一頁。
(10) 同書六二〇D八―E一。
(11) ドッズ著、岩田靖夫・水野一訳『ギリシア人と非理性』みすず書房、一九七二年、一四七頁以降参照。
(12) ヘシオドス『仕事と日』一二一―一二六（松平千秋訳『仕事と日』岩波書店〔岩波文庫〕、一九八六年）。

(13) 同書一〇九。
(14) 同書一七九。
(15) 廣川洋一「いわゆる五時代説話の意図するもの――ヘシオドス『仕事と日』における――」『東海大学紀要文学部』第九号、一九六七年、一三頁参照。
(16) プラトン『国家』四六九A一―二、同『クラチュロス』三九七E一一―三九八A二。引用されている文章はそれぞれ、ヘシオドスの原典の語句とは微妙に異なっている。
(17) メナンドロス「断片」五五〇―一―五（Kassel & Austin）。
(18) プラトン『ポリティコス』二七一D三―七（水野有庸訳『プラトン全集』第三巻、岩波書店、一九七六年）。
(19) プラトン『法律』七一三C八―D二（森進一他訳『プラトン全集』第一三巻、岩波書店、一九七六年）。
(20) 同書七一三E一。
(21) 同書七一七B二―四。
(22) ブルクハルト著、新井靖一訳『ギリシア文化史』第二巻、筑摩書房、一九九二年、九六頁。
(23) 水野有庸「解説」四三三頁、山本光雄「作品解題『法律』」『プラトン全集』第十巻、角川書店、一九七五年、四四一頁参照。
(24) プラトン『パイドン』一〇八A六―三。本書五〇頁参照。
(25) プラトン『ソクラテスの弁明』四〇A三―B一。本書三八頁参照。
(26) 本書第二章三一頁参照。
(27) Brissson, L., "Socrates and Divine Signal" in Destrée, P., & Smith, N. D. ed. *Socrates' Divine Signe: Religion, Practice, and Value in Socratic Philosophy*, 2005, p. 4, n. 10.
(28) ディオゲネス・ラエルティオス『ギリシア哲学者列伝』第一二巻七。

(29)「けれどもダイモーンがダイモーンとさらに混じり合って行ったとき、それらのものは、それぞれがたまたま出会うがままに一緒になった。またそれらのほかにも、多くのものがたえまなく生じてきた」ディールス・クランツ『ソクラテス以前哲学者断片集』エンペドクレスB五九（内山勝利編『ソクラテス以前哲学者断片集』第Ⅱ分冊、岩波書店、一九九七年）。他に、A一四、A三一、B一一五、B一二一、B一二六も参照。

(30)「そして、すべてに行きわたっているひとつの作用因として、かのパルメニデスは、「万物の真んなかに」座を占め、すべての生成の原因たる「ダイモーン」を立てている」ディールス・クランツ『ソクラテス以前哲学者断片集』パルメニデスB一二。

(31)もちろん、ホメロスにおける神とダイモーンについて諸説あることは了解している。だが、共通した見解にいたってはおらず、そのことにもホメロスの「無頓着さ」が示されているとわたしは考える。ドッズ、前掲書、一三頁以降、とくに二九頁注六五を参照。

(32)アイスキュロス『縛られたプロメテウス』一九六、ソポクレス『コロノスのオイディプス』七〇八、エウリピデス『ヘレネ』六六六。

(33)エウリピデス『アウリスのイピゲネイア』一一三六、同『アルケティィス』四四九、同『メデイア』一二四七、同『アンドロマケ』九六、ソポクレス『トラキアの女たち』九〇七。

(34)ソポクレス『アンティゴネー』一一三〇。

(35)アイスキュロス『アガメムノン』一三三八。

(36)アリストテレス『徳と悪徳について』一二五〇Ｂ一九―二一。この著作は擬作とされることが多いが、真の著者や成立年代については確定にいたっていない。

(37)プラトン『饗宴』二〇二Ｄ一三―Ｅ一（鈴木照雄訳『プラトン全集』第五巻、岩波書店、一九七四年）。

(38)同書二一〇Ａ一。ディオティマはソクラテスに対してさえ「この秘儀をあなたが受ける能力があるかどうか、わたしにはわかりません」と述べている。
(39) 同書一九三D。もっとも、ディオティマとソクラテスとの対話という設定のなかで、間接的にアリストパネスの語った内容については批判が加えられている。同書二〇五D―E参照。
(40) 本章の最後と、第七章の考察で、伝聞形式がとられることやディオティマが語り手となっていることについては、ひとつの解釈を示す。
(41) プラトン『饗宴』二〇二E三―二〇三A八。
(42) ヘロドトス『歴史』第一巻二一〇-二一一四。
(43) 同書第三巻六五-一七―一九。
(44) 同書第一巻序-三―四。
(45) プラトン『ティマイオス』九〇A三―七。
(46) 同書二七A三―五
(47) 同書九〇E一―二。
(48) 同書八九E四―五。
(49) 同書九〇B六―C六。
(50) 厳密には「幸福な」という形容詞であり、その男性名詞化されたものが「幸福なひと」である。
(51) プラトン『パイドン』一〇七D七。
(52) イタリアのその地で勢力を有していたピュタゴラス派の思想を語った、と解釈することはできる。Taylor, A. E., *A Commentary on Plato's Timaeus*, Oxford, 1928, p. 10, sqq.
(53) Cornford, F. M., *Plato's Cosmology*, London, 1937, p. 3.
(54) プラトン『ティマイオス』一七C一―二。

(55) プラトン『国家』第二巻で、ソクラテスは、神々の悪しき行ないを語る詩人に対する批判を行ない、神の善性を強く主張している。これは当時の一般的な神観への反論でもある。

(56) プラトン『ティマイオス』二九D七以降参照。

(57) この点でも、プラトン以前の伝統とは相反するであろう。ホメロス『オデュッセイア』では、「悪しきダイモーン」が登場する。『オデュッセイア』第一〇巻六四、第二四巻一四九。また、プラトン以前に、「カコダイモーン」「デュスダイモーン」といった単語がすでにあり、「エウダイモーン」と対比的に用いられている。だが、プラトンにおいては、いずれも「不運な」といった日常的な意味でのみ用いられており、本書で考察しているダイモーンが意識されているとは考えない。

(58) プラトンは「神話」としてダイモーンを語った。だがそれの意図するところが哲学のすすめであるなら、「神話(ミュートス)」と「議論(ロゴス)」というふたつの道は、対立しあうものではなく、「補完し合い、かつまた適度な緊張のもとにプラトンの思想を形成する」(國方栄二、前掲書、三一四頁)という解釈は説得的であるかもしれない。國方氏は、ロゴスは人間の理性に、ミュートスは人間の感情に訴え、ともに善き生き方へと導くものとみなす。

(59) 『ニコマコス倫理学』一一六九B七―八において、エウリピデス『オレステス』六六七からの引用として、『弁論術』一三九九B二二―二四において、作者不明断片(Nauck 82)の引用として、ダイモーンが語られる。また、『弁論術』一四一九A六以降では、プラトン『弁明』二六でのダイモーンに関するソクラテスとメレトスの議論が素材として用いられている。『トピカ』一一二A三二以降では、エウダイモーンとの語源の関連でダイモーンという単語が出てくる。もっとも、断片として伝えられるもののなかには、ダイモーンが出てくるものも少なくないが、この考察では取り上げない。

(60) アリストテレス『形而上学』九八二B一八、九八三B二九、一〇〇〇A九。
(61) 同書一〇〇〇A一八―一九。

第四章　クセノポンの報告
――『ソクラテスの想い出』『ソクラテスの弁明』からの考察

つづいて、プラトンとほぼ同年代に生きたクセノポンの著作を手掛かりとし、「ソクラテスのダイモニオン」を考察しよう。ソクラテスが行為の原理とした「ロゴス（理性・議論）」と「ダイモニオン（神霊）」は、両立するのか。ガラクシドロスが投げかけたこの問いに、ソクラテスの弟子のひとりであったクセノポンは、どのような報告をわたしたちに残してくれているだろう。

第一節　クセノポンの著作とソクラテス

クセノポンは、すでに古代から「哲学者のなかで最初に歴史を書いたひと(1)」と呼ばれており、今日でも「歴史家」として高く評価されることが多い。彼の著作『ギリシア史』『アナバシス』は、ペロポネソス戦争やその後のギリシア世界を伝える貴重な資料となっている。一方、そういった著作とは別に、「ソクラテス書」と呼ばれる一連の書がある。『ソクラテスの想い出』『ソクラテスの弁明』『饗宴』『家政家』という、ソクラテスが描かれている作品群である。本章でとりあげるのはこちらである。ところで、それらクセノポンによる「ソクラテス書」のソクラテス像に関しては、これまで相反する極端な評価が与えられてきた。一方で、歴史家クセノポンの手によって「歴史的ソクラテス」が描かれているとして、プラトン以上に尊重されたこともあれば、反対に、クセノポンはソクラテスの処刑時にはアテナイにいなかったという事実から、その不確かさが強調されることもあった(2)。それらについて、これ以上ここで立ち入ることはできないが、いずれにせよ、プラトンとは異なったソクラテス像を伝えているという点で、興味深い資料であることは間違いない。そして、すこし先取りして言うと、「ガラクシドロスの問い」についても、クセノポン独自の答え方をしている、そのようにわたしには思われるのである。本章の考察では、プラトンの報告との対比を意識的に試みてみるつもりである。

さて、クセノポンが「ソクラテス書」を書いた理由は、おそらくプラトンとそう違わないであろう。プラトンのそれと同名の著作『ソクラテスの弁明』の最後には、「この人の知恵と高貴さを思うにつけ、どうしてもわたしは彼のことを記録に残さずにはいられないし、また記録にとどめながら、ほめたたえずにはいられない(3)」と語られている。そしてとうぜんのことながら、クセノポンにとっても、メレトスの訴状をめぐるソクラテスのあり方こそが、もっとも「記録に残す」べきことだったにちがいない。その著よりもさきに書きはじめられたと推測される『ソクラテスの想い出』は、つぎのような書き出しで始まっている。

「いくどとなくわたしが不思議に思ったのは、ソクラテスを告発したひとたちは、ソクラテスが国家にとって死罪にすべき人物であると、いったいどのような言葉によって納得させたのか、ということである」[4]。

この言葉のあと、「ソクラテスは国家の神々を認めず新奇なダイモニオンを導入するという罪を犯し、また青年たちを腐敗させるという罪をも犯している」[5]というメレトスの訴状を取り上げ、クセノポンは反論をしていく。さまざまに解釈されるであろうが、わたしは、その書の全体をこの告訴状への反論として読むことができるのではないかと考えている。そして、書のはじめとおわりの部分が、最初の罪状「ソクラテスは国家の神々を認めず新奇なダイモニオンを導入している」（以下、「罪状一」と呼ぶ）という点に対する反論であって、残りの部分はすべてもう一方の罪状「青年たちを腐敗させる」（以下、「罪状二」と呼ぶ）という点への反論である。そしていずれも共通しているのは、ソクラテスの行ない（エルゴン）を通じての反論である、という点である。クセノポンは論理を展開したのではなく、じっさいのソクラテスの行ないが、訴状の内容といかにかけ離れたものであったか、を書き記したのだ。それゆえ、とくに「罪状二」への反論は、ソクラテスの交友録のようなものであって、どれだけソクラテスという存在が青年たちに有益であったか、いかにして彼らを徳へと導いたかを、さまざまな人物とのさまざまな交流を通して書き連ねるものとなっている。分量的には『ソクラテスの想い出』の九割以上を占める。プラトンが、罪状のふたつを因果関係において把握し、「罪状一」に対する議論を重視したのとは対照的である。(6) つまり、ふたつの罪状を、「国家の神々を認めず、新奇なダイモニオンを導入する」ことによって「青年たちを腐敗させる」という関係でプラトンはとらえ、原因である「罪状一」に関して、きわめて論理的な反論を加えたのであった。クセノポンが歴史家であったからなのか、それとも、プラトンと比べて深い思想がなかったからなのか、はたまた、理論よりも実践を重んじたからなのか、(7) それは問わない。以下の考察ではただ、クセノポンの「罪状一」に対する反論の特徴を、同書を中心に、またときとして『ソクラテスの弁明』も参照しながら、より明らかにしていこう。

第二節　訴状に対するクセノポンの反論

まず、クセノポンは、「罪状一」をさらにふたつの部分に分けて、その前半部分「ソクラテスは国家の認める神々を認めない」という点について、つぎのように述べる。

「では第一に、ソクラテスが国家の認める神々を認めなかったというのは、どのような証拠にもとづくのであろうか。というのも、彼が何度も自分の家においても、また国家公共の祭壇においても、犠牲をささげていたことは明らかであり、また占いを用いたことも同じく明らかだからである(8)」。

ここでクセノポンは、まず、ソクラテスが当時の神々に関する儀式を執り行なっていたこと、そして占いを用いたこと、これらを「明らかなこと」として挙げている。そういったソクラテスの行ないは、ソクラテスが神々を認めていることを裏付ける事実とみなされているのである。そのうえで、「罪状一」の後半部分「新奇なダイモニオンを導入する」という点について、つぎのように言う。

「ダイモニオンが自分にしるしを与える、そのようにソクラテスが語っていたことは、広く言いはやされていた。思うに、彼が新しいダイモニオンを導入したとの非難を受けたのもここに原因がある。しかし、占いを信じて、鳥や人の言葉、前兆や犠牲に神意を問う他のひとたちとくらべて、ソクラテスは何ら新しいものを導入してはいない（οὐδὲν καινότερον εἰσέφερε τῶν ἄλλων）(9)」。

ソクラテスは自分自身でダイモニオンについて語り、そのことによって当時のひとたちに広く知られていたことを、クセノポンも報告している。それが原因でソクラテスが非難されたことも認めている。これらの点に関しては、プラトンの報告と同じである。そのうえで、クセノポンの論点は、けっしてそれが「新奇なもの」ではないという一点に集中していく。つまり、当時一般的に行なわれていた占いとくらべて、「何ら新しいものを導入していない」とクセノポンは主張したのである。クセノポンはこうつづける。

「普通の多くのひとたちは、鳥や通りすがりのひとによって物事をさしとめられたとか、すすめられたとか（ἀποτρέπεσθαί τε καὶ προτρέπεσθαι）、言うのに対し、ソクラテスは自分に生じたとおりに語ったのだ。つまり、ダイモニオンがしるしを与えると言ったのである[10]」。

当時の占いは、鳥占いの場合は鳥の鳴き声をもとに、辻占の場合は通り過ぎて行くひとの声をもとに、事の吉凶を占ったようである。そして、クセノポンは、ソクラテスのダイモニオンをそのような占いをするひとたちと同類のものとみなしているのである。いやむしろ、それらよりも敬虔なものであるとして、『ソクラテスの弁明』のなかで、つぎのように語るソクラテスを登場させている。

「あらかじめしるしを与えるものを、ひとびとは鳥や発せられた言葉、しるしや占い師と名付けているのに対して、わたし（ソクラテス）はそれをダイモニオンと呼ぶのですが、そのように名づけることによって、わたしのほうが、神々に備わる能力を鳥に献呈する者たちよりも、真実かつ敬虔に語っていると思うのです[11]」。

さらに、この引用のつづきでソクラテスは、ダイモニオンとは、「神から現われたもの（ὑπὸ θεοῦ φαινόμενα）[12]」であり、プラトンの証言にも見られたように、「神の声（θεοῦ φωνή）」だとも言う。

「じっさいまた、新しいダイモニオンについても、何をなすべきかしるしを与える（σημαίνουσα ὅ τι χρὴ ποιεῖν）神の声がわたし（ソクラテス）に現われる（θεοῦ μοι φωνὴ φαίνεται）と述べるだけで、どうしてそれを導入していることになるのでしょう。というのも、鳥の鳴き声や人間の発する言葉を用いる者たちもまた、たしかに声を頼りに判断しているからです。……そしてピュトーの地で三脚の座にまします巫女ご自身もまた、声によって神のお告げを告げられるのではないでしょうか[13]」。

「ピュトーの地で三脚の座にまします巫女」とは、デルポイでアポロンの神託を告げる女性のことである。アポロンはギリシアを代表する神であり、それによる神託も声を通してなされる。そして、ダイモニオンも、それと同じたぐいのものだとここでは言われている。ダイモニオンを信じるということは、神の声を信じることである。クセノポンは言う「神々を信頼していた者が、どうして神々の存在を認めなかったことになるのか[14]」と。「ソクラテスのダイモニオン」はけっして「新奇なもの」ではない、というのがクセノポンの論点なのである。ソクラテスの行ないを、当時の「普通の多くのひとたち」の行ない、あるいは代表的な神との交流と比較しながら、クセノポンはそう主張したのである。一般的な通念に訴える反論と言ってもいいかもしれない。

そのような態度は、『ソクラテスの想い出』の最後で、もういちど「訴状一」への反論を行なう場合にでも顕著である。クセノポンはそこで、「もし誰かが、つぎのような思いにいたった場合」、どう反論すべきかを考える。

「ソクラテスは、ダイモニオンが自分に、なすべきこととなすべきでないことについて、あらかじめしるしを与えると言いながらも、裁判員たちによって死刑の判決を下されたのであるから、ソクラテスはダイモニオンについて誤ったことを語ったのであり（περὶ τοῦ δαιμονίου ψευδόμενον）、その点でソクラテスは批判される[15]」。

これは、「ソクラテスのダイモニオン」が、かりに当時の伝統のなかで理解されるものであったとしても、ソクラテスが処刑されたという事実は、ダイモニオンが無力であることを証明しているのではないか、という指摘である。つまり、ソクラテスの善き行ないを記述するだけでは、「ソクラテスのダイモニオン」を十分は正当化できないのである。これに対して、クセノポンはふたつの論点から反論する。さきのような思いをいだくひとが「心にとめねばならない」のはつぎのふたつだとクセノポンは言う。

「まず第一に、ソクラテスはすでにたいへんな高齢に達していたのであって、かりにあのときにではなかったとしても、そののち多くの時を待たずして人生を終えていたということ。第二に、ソクラテスは、人生のなかでもっともいとわしく、あらゆるひとの思考力が衰える時期をのがれ、そのかわりに、魂の強さを示したことによって、また、誰よりも、真実にかなった仕方で、自由人にふさわしく、正義に満ちたかたちで法廷弁論を述べたことによって、また、死の宣告をきわめて心穏やかにかつ勇敢に耐えたことによって、名声を獲得したということを」(16)。

つまり、処刑による死は、老年のソクラテスにやがて訪れる死と時間的に大差のないものであること、また、この世で十分な「名声を獲得」しているソクラテスにとって、その死は今後予想される苦痛からの解放を意味するものであること、これらクセノポンが挙げたふたつの論点はともに、一般的な通念に訴えかける反論なのである。プラトンのように、魂の死後の可能性を議論し、そのうえで、ソクラテスの死の受け入れを正当化しようというような姿勢は、クセノポンには見られない(17)。

第三節　クセノポンが伝える「ソクラテスのダイモニオン」

ここまでの考察を見るかぎり、メレトスの訴状に対する反論の仕方という点で、プラトンとクセノポンは異なるものの、そこに描き出されている「ソクラテスのダイモニオン」の特徴は、おおむね一致していると言っていいだろう。確認しておくと、ダイモニオンが「神」と言い換えられ、さらには「神の声」とも言われていたこと、また、何かの「しるしを与える」という点で「占い」と関連して語られていること、これらを共通点として挙げることができる。そして、そのようなダイモニオンが自分に生じることを、ソクラテス自身がひとびとに語り、それが原因となってひとびとから非難されたという報告も、双方とも一致しているのである。だが、微妙な違いを感じさせるものが、じつはクセノポンの証言にはあったのだ。それは、「神の声」が「しるしを与える」その内容に関してである。

すでに引用したクセノポンのソクラテスの発言のなかに、「何をなすべきかしるしを与える（σημαίνουσα ὅ τι χρὴ ποιεῖν）神の声がわたしに現われる」という一節があった。つまり、しばしば指摘されることではあるが[18]、プラトンの報告する「ダイモニオンの声」とは、すこし様子が異なるのだ。さきに第二章で取り上げたプラトンの証言と比べてみよう。プラトンの『ソクラテスの弁明』ではつぎのように言われていた。

「その声が現われる時は、いつでも、わたしが何かをしようとしているときに、それをわたしにさしとめるのでして、それをなせとすすめることは、どんな場合にもないのです（ἀεὶ ἀποτρέπει με τοῦτο ὃ ἂν μέλλω πράττειν, προτρέπει δὲ οὔποτε.）[19]」。

この引用に見られるように、プラトンのソクラテスはつねに、ダイモニオンをただ禁止の命令だけを告げるものとして語っていたのである。はたして、クセノポンの報告するソクラテスのダイモニオンは、禁止以上の何かを命じているのだろうか。

では、クセノポンのいくつかの報告を、言葉遣いに注目しながら確認しておこう。まず一方では、プラトンと同様に、「禁止」という点が強調されているように見える発言もある。

「わたし（ソクラテス）が弁明についてすでに二度も検討しようとした（ἐπιχειρήσαντός μου σκοπεῖν）のだが、例のダイモニオンがわたしに反対する（ἐναντιοῦταί μοι τὸ δαιμόνιον）のだ[20]」。

「それはそうだが、ヘルモゲネスよ、事実、わたし（ソクラテス）も裁判員たちにこたえる弁明を考えようとした（μου ἐπιχειροῦντος φροντίσαι）のだが、たちまちダイモニオンがこれに反対したのだ（ἠναντιώθη τὸ δαιμόνιον）[21]」。

これらの発言はいずれも、法廷に立ったソクラテスが、死刑判決に対するこれ以上の弁明をさしひかえることを決意した、その理由を語る場面でのものである。前者の発言の後には、「神々は正しく反対された（ὀρθῶς δὲ οἱ θεοί τότε μου ἠναντιοῦντο）[22]」とも述べられている。つまり、ソクラテスが「～しよう（ἐπιχειρεῖν ＋ 不定法）」としたことに対して、ダイモニオンは「反対する（ἐναντιοῦσθαι）」のである。

これらダイモニオンの声が生じる場面の記述は、プラトンの証言で言われていた「〜しよう（μέλλειν＋不定法）」としたことを「さしとめる」、あるいは「妨げる」という表現とほぼ重なるものである。だが、その一方で、積極的にある種の行為をすすめているように受け取れるクセノポンの報告も見られる。

「そして、ソクラテスは、ダイモニオンがしるしを与えると、一緒にいるひとたちに、あることはするように、またあることはしないようにあらかじめ勧告した（προηγόρευε τὰ μὲν ποιεῖν, τὰ δὲ μὴ ποιεῖν）」[23]。

つぎの証言は、弟子のひとりエウテュデモス[24]がソクラテスに向けて語った言葉である。

「あなたには、ソクラテス、他の誰によりもまして、神々が好意をいだいているようです。もし、神々が、あなたから尋ねられてもいないのに、なすべきこととなすべきでないことを、あなたにあらかじめしるしを与える（προσημαίνουσί σοι ἅ τε χρὴ ποιεῖν καὶ ἃ μή）のであれば[25]」。

これらふたつの証言と、「何をなすべきかしるしを与える神の声がわたしに現われる」というさきの言葉を合わせて考えると、どうであろうか。たしかに、「何をなすべきか（ὅ τι χρὴ ποιεῖν）」は、プラトンの場合と同様に、「ダイモニオンのしるしがなかった、したがって、いまなそうとしていることは善いことである」、といった推論をへて得られたものとも考えられる。しかし、クセノポンのこれらの発言では、プラトンが言うような「しようとしているそのこと（τοῦτο ὃ ἂν μέλλω πράττειν）」を前提としてはいない。むしろダイモニオンは端的に、「なすべきことなすべきでないこと（ἅ τε δέοι καὶ ἃ μὴ δέοι ποιεῖν）」を、あるいは、「あることをするように、またあることはしないように（τὰ μὲν ποιεῖν, τὰ δὲ μὴ ποιεῖν）」を告げている。それは、無条件的な神の声であって、プラトンの報告するものとは異なるであろう。

また、この相違点は、両者が用いている動詞に注目することによっても、明らかとなるかもしれない。クセノポンは、ダイモニオンが「あらかじめしるしを与える（προσημαίνειν）」という言いかたをよくする(26)。つまり、ソクラテス自身の意図に関わらず、ダイモニオンが「あらかじめ（προ）」しるしを与えるのである。それに対して、プラトンの場合、「しるしを与える（σημαίνειν）」という言いかたがされており、ダイモニオンはあくまでも、ソクラテスが「何かをしよう」としたことに対してしるしを与えるにすぎない。やはり、クセノポンにおいては、ダイモニオンに強く依存するソクラテスのすがたが描き出されているように思われる。

第四節　「ガラクシドロスの問い」に対するクセノポンの回答

しかしながら、もしそうだとすると、クセノポンの描くソクラテスは全面的に「ダイモニオンに従う」という立場になるのであろうか。というのも、プラトンの場合は、第二章で考察したように、ソクラテスのダイモニオンを「禁止の命令」に限定することによって、「ロゴスに従う」という局面を、人間の行為のなかに認めていたからである。それとも、クセノポンにとっては、「ガラクシドロスの問い」は、問題とならなかったのであろうか。わたしは、この点について、クセノポンは独自の回答を与えている、そう考えている。それはすなわち、人間の知と神的な知との区別であり、それらの棲み分けである。

もっとも、「ロゴスに従う」という立場が、クセノポンにとっては、「ダイモニオンに従う」こととただちに矛盾するものではない可能性もある。じっさいに、クセノポンが「ロゴス」と対比的に用いいるのは、「エルゴン（行ない・仕事）」という概念である。同じくソクラテスの弟子でありながら、イデア論を展開したプラトンと比べて、クセノポンの場合、その実践を重んじた生きざまが強調されることがある。祖国アテナイにとどまることなく、傭兵としてペルシアに遠征し、そこからの苦難に満ちた帰還は、彼自身の書『アナバシス』が伝える通りである。また、クセノポンの著作のなかでは、徳を示すのにも、ひとびとに信用を与えるのにも、「ロゴス（議論）よりもエルゴン（行ない）によるほうがよい」という対比が、いくつかの場所で語られているのである。[27] ときとして、ロゴスはクセノポンのなかで低い位置を占めることがあるのだ。

けれども、やはりクセノポンの報告のなかにも、ソクラテスが「ロゴス（理性・議論）」を重視していたことは読み取れる。そしてそこには、ダイモニオンと類するものとの対比は意識されていたのである。クセノポンにとっては、すでに見たように、鳥の声や通りすがりの人の声にもとづく占いは、当時の一般的な事柄として理解されていた。そして、ソクラテスのダイモニオンもまた、それらと同類に語られていたのである。しかしだからといって、あらゆる事柄を、そういった占いに託そうというのではない。クセノポンは、『ソクラテスの思い出』のなかで、ソクラテスが占うべきものとそうでないものとをつぎのように区別したと語っている。

「ソクラテスは、どうしてもしなくてはならないこと（τὰ μὲν ἀναγκαῖα）に関しては、自分でこうするのがもっともよいと思う方法でもってそれを行なうようにすすめ、また、わたしたちに不明白なことについては（περὶ δὲ τῶν ἀδήλων）神託所へひとをやって、行なうべきかどうか尋ねさせた」[28]。

つまり、占いに託すのは、わたしたちに「不明白なもの（τὰ ἄδηλα）」に限られるのである。そのことについて、つぎのようにも言われている。

「ソクラテスは言う、神々がひとが学ぶように仕向けたことについては、学ばなくてはならないし、人間に明白でないこと（ἃ δὲ μὴ δῆλα τοῖς ἀνθρώποις ἐστί）は、占いを通じて神から伺うようにしなければならない。というのは、神々はお気に召したひとたちにはしるしを与えるのだから、と」[29]。

ここでは、「人間に明らかではないもの（τὰ μὴ δῆλα τοῖς ἀνθρώποις）と言われている。では、わたしたちが占いに託さねばならない「不明白なもの」とはいったい何なのか。

まず、クセノポンは、「家や国家をうまく治めようとするひとは占いが必要である」[30]と言う。また、「大工、鍛冶、畑の耕作、ひとの統治」といったことについては、それらの技術に関して人間は学ぶことができるが、「それらのうちにあるもっとも大切なこと（τὰ δὲ μέγιστα τῶν ἐν τούτοις）」に関しては、「神々が自分たちのところにとどめて、そのひとつとして人間には明らかでない（οὐδὲν δῆλον εἶναι τοῖς ἀνθρώποις）」とクセノポンは言う[31]。さらにまた、当時のいわゆる自然哲学者たちが求めた「万有の自然本性について」も、クセノポンにとっては、「人間に関することを放っておいて、ダイモニオンに関することを探求している（τὰ μὲν ἀνθρώπινα παρέντες, τὰ δαιμόνια δὲ σκοποῦντες）」ように映ったのである[32]。クセノポンの報告するソクラテスは、そういったことを「ダイモニオンに関する事柄（τὰ δαιμόνια）」として区別し、けっして人間の知の探求対象とはしなかったのである[33]。

では、それと対比してクセノポンが語っていた「どうしてもしなくてはならないことに関しては、自分でこうするのがもっともよいと思う方法でもってそれを行なうようにすすめた」とは、どのような事柄であろうか。また、その「方法」とはどのようなものであろうか。それは、つぎのクセノポンの言葉から明らかである。

「ソクラテス自身は、いつも人間に関する事柄について対話し（περὶ τῶν ἀνθρωπείων ἀεὶ διελέγετο）、敬虔さとは何か、不敬とは何か、美とは何か、醜とは何か、正義とは何か、不正とは何か、思慮とは何か、狂気とは何か、勇気とは何か、臆病とは何か、国家とは何か、政治家とは何か、政府とは何か、統治者とは何か、その他こうしたことを探求し、そしてこれらを知る者は最高の徳を備えたものであり、知らない者は、まさに奴隷と呼ばれても仕方がないと考えた[34]」。

つまり、ソクラテスは「人間に関すること（περὶ τῶν ἀνθρωπείων）」、すなわち、人間の徳を探求対象とし、それが何であるかという知を求めたのである。その方法は、ここで言われているように「対話（διαλέγεσθαι）」だったのである。それは、まさしくロゴスの営みに他ならない。こういった人間の知の領域において、ソクラテスは「ロゴスに従う」という生き方を実践したのである。

そしてまた、クセノポンは、この対話というソクラテスのロゴスの営みが、もう一方の「罪状二」を引き起こしたことも十分に理解していた。クセノポンは、ときの権力者たちと関係するつぎのような事実を記している。

「クリティアスはカリクレスと一緒に三十人独裁政府のひとりとなり、法律を制定したとき、このこと〔ソクラテスに言葉によって批判されたこと〕を覚えていて、法律のなかに「言葉（ロゴス）の技術を教えることを禁じる」という一項を入れた。これは、ソクラテスを悪く言おうとするものの、その方法が見つからないため、多くのひとが哲学者たちに一般に向けていた非難をソクラテスにさし向け、それら多くのひとに訴えかけようとするためであった[35]」。

ソクラテスの「ロゴスの営み」に対する批判は、クセノポンの報告からも、一般的であったことが見て取れる。本書の考察の第一章では、喜劇作家アリストパネスが「弱論強弁」を展開するソクラテスを舞台に登場させていた。そして第二章でも、プラトンが、ソクラテスの論駁が「皮肉」として受け止められたことを報告していた[36]。クセノポンの場合も、事態は変わらないようだ。それゆえ彼は、『ソクラテスの弁明』においては、「大言壮語（メガレーゴリア）」として受け止められたソクラテスのロゴスの営みを、何よりも弁明しなければならなかったのである。また、『ソクラテスの思い出』では、ソクラテスが行なった友人との議論をじつに数多く取り上げているが、そのいずれもが、「青年を腐敗させる」ものではなかったことについての、行ないを通じた証明なのである。そのうちのひとつ、「敬虔さとは何か」をめぐる対話を示したあと、クセノポンはつぎのように言う。

「このように議論（ロゴス）が展開されると、ついには反対を唱えている人自身にも、真実が明らかになる（φανερὸν ἐγίγνετο τἀληθές）のであった。また、ソクラテスが自分で何かの問題について論じるときは、誰でも同意できる事実のなかを通って議論を進めたのであって、これが議論として最も安全な方法と信じていた。だからこそ、いつ議論をしても、わたしの知っている人々のうちで、彼の議論は誰よりも聞き手の同意を得た（τοὺς ἀκούοντας ὁμολογοῦντας παρεῖχε）のである[37]」。

ソクラテスのロゴスの営みは、「真実が明らかになる」ことを意図し、「聞き手の同意」を得ることを目指したものだったのである。やはり、クセノポンにとっても、ソクラテスは、ダイモニオンのひとであると同時に、「ロゴスのひと」でもあったのだ。

第五節　クセノポンに残る謎

さて、「ガラクシドロスの問い」をクセノポンのソクラテス像をのもとで考察すると、きわめて明快な答えが与えられたようにみえる。すなわち、ソクラテスは「人間に関すること」と「人間には不明白なこと＝ダイモニオンに関すること」とを事柄として区別し、前者を「学ばねばならないこと」後者を「占いに託すこと」とみなすのである。そうすることで、「ロゴスに従う」と「ダイモニオンに従う」という、相容れないように思われたふたつの立場は、領域の区別によってうまく棲み分けられ、両立するのである。たしかに、プラトンの『饗宴』のなかでも、ダイモーンが語られる文脈のなかでそのような知の区別が示唆されていた個所があった(38)。しかしながら、そこではさらなる議論は展開されていない。そうであるなら、この事柄の区別が、クセノポンによる「ガラクシドロスへの問い」への独自な回答であると、わたしたちは受け止めていいであろう。

けれども、この区別に関連して、もうすこし考察しなければならないことがクセノポンの著作には残されている。ひとつは、この区別を逸脱しようとする営みを指して語ったソクラテスの言葉であり、もうひとつは、この区別そのものの曖昧さである。

まず、区別を逸脱する営みについてであるが、それには二通りの仕方がある。あらゆることを「人間的な事柄」とみなして、すべてを知の対象にしてしまうという仕方と、「人間的な事柄」であるにもかかわらず、その知を学ぼうとはせず占いにゆだねてしまう仕方とである。それをクセノポンはつぎのように言う。

「これらのこと（人間に不明白な事柄）をダイモニオンに関する事柄（δαιμόνιον）であるとは考えずに、すべてが人間の認識に知られると考えているひとたちを、ソクラテスは「狂気に憑かれている（δαιμονᾶν）」と言った。また、「狂気に憑かれている」とは、神々が人間にみずから判断し学ぶように仕向けたことを占いにゆだねるひとたちのことでもある(39)」。

つまり、いずれの逸脱についても、「ソクラテスは狂気に憑かれていると言った（δαιμονᾶν ἔφη）」と、このようにクセノポンは報告しているのである。この考察では、あまり触れたくない、むしろ無視してすごしたいソクラテスの発言である。というのは、ソクラテスが語ったとされ、ここで「狂気に憑かれている」と訳している語は、じつは、ダイモーン、ダイモニオンと語源的に関連する、ダイモナーンという動詞だからである。それは文字どおりには、「ダイモーンの影響下にある」という意味である。これは、どのように理解すべきであろうか。もっとも、後者の逸脱の仕方は、すべてを「ダイモニオンに関する事柄」と考えてしまうことであり、この表現が意味する通りかもしれない。だが、前者の逸脱については、それはあてはまらない。さらに、そもそもここでは否定的な意味で「ダイモーンの影響下にある」という言葉が用いられているのである。そのことは、プラトンで確認された「善きものとしてのダイモーン」という考え方とは、相容れないのである。

おそらく、わたしが思うに、ダイモナーンという言葉は、ここでは、いわゆる「ソクラテスのダイモニオン」との関連はとくに意識されず、その当時の一般的な用例として、「狂気に憑かれる」という意味で用いられているのであろう。前章で、プラトンの著作にみられるダイモーンを考察したとき、ダイモーンは「善きもの」としてのみ語られていることを指摘した。だが、そのさいにすこしふれた[40]が、それは当時のダイモーン観と一致するものではなかったのだ。むしろ伝統的には、ダイモーンはときに「悪しきもの」として、人間にとってよくないこと起こす神的な力としても理解されていたのである。そのような用例の延長線上での言葉であろう。[41] じっさいに、クセノポンの他の著作でも、「幸福に恵まれているあなたたちを妨げるダイモーンのたくらみ（δαίμονος ἐπιβουλὴν）[42]」といったかたちで、災いをもたらすものとしてのダイモーンが語られている。ダイモナーンという言葉はプラトンの著作には見られず、クセノポンの証言を疑うことも可能ではあるが、いずれにせよ、過度に気にする必要はないであろう。クセノポンも、前章で明らかにしたような、さまざまなダイモーンが語られる伝統のなかに生きていたのである。

ところで、ふたつの領域を区別し、その境界を逸脱してしまうことをソクラテスは「狂気に憑かれる」として批判するものの、じつはその区別そのものがそれほど明瞭ではないように思われる。さきに一部を引用したが、その区別についてソクラテスが具体例を挙げながら語っているところをもういちど見てみよう。

「ソクラテスは、家や国家をうまく治めようとするひとは占いも必要だと言った。というのは、ソクラテスは、大工の技術者になること、鍛冶の技術者になること、畑の耕作術を身につけること、ひとびとを統治する技術を身につけること、さまざまな作品を評価する技術者になること、算術家になること、家政術を身につけること、将軍としての統率術を身につけること、こういったことはすべて、学ばれることであって、人間の知識によって到達することであると考えたが、その一方、それらのうちにあるもっとも大切なこと（τὰ δὲ μέγιστα τῶν ἐν τούτοις）に関しては、神々が自分のもとにとどめ、それらの何ひとつとして人間には不明白である（οὐδὲν δῆλον εἶναι τοῖς ἀνθρώποις）、と語ったのである[43]」。

ソクラテスがここで言う「それらのうちにあるもっとも大切なこと」であり、「人間には不明白なもの」とはいったい何なのか。それをソクラテスはつぎのようにつづける。

「つまり、畑にうまく苗を植えたひとにしても、誰がその実を収穫するかは不明白であり（οὔτε δῆλον）、家をうまく建てたひとにも、誰がそこに住むかは不明白であり、将軍として軍を統率する技術を有するひとにも、軍を統率することが有益であるかどうかは不明白であり、国政にその技術をもってたずさわるひとにも、国家を指導することが有益であるかどうかは不明白であり、希望に満ちて美しい女性と結婚したひとにも、その女性が原因で悲しい目にあうかどうかは不明白であるし、国家の権力者たちと姻戚関係を結んだ者にも、その彼らゆえに国家から追放されるかどうかは不明白なのである[44]」。

たしかに素朴な感覚として、ここで列挙されている「不明白なこと」のさまざまな事例はどれも、なるほどと頷かされることばかりであり、「もっとも大切なこと」という表現も納得してしまう気もする。だが、どうであろう。同様の表現を用いて、同じく技術的な知とそれ以外の知が対比的に語られているプラトンの著作を、わたしたちは思い浮かべるのではないか。それは以下の言葉である。

「職人たちもまた、その技術をうまく発揮できることから、それ以外のもっとも大切なこと（τἆλλα τὰ μέγιστα）についても、もっとも知恵があると考えていたのだ。そして彼らのそういうところが、自分たちの持っている知恵を覆い隠してしまうのだ[45]」。

プラトンの『ソクラテスの弁明』のなかで、このようにプラトンが報告している「もっとも大切なこと」とは、「善美なること」[46]であり、それをめぐってソクラテスが無知を告白したところのものであった。それと比べると、クセノポンの伝える「もっとも大切なこと」の方は、きわめて通俗的な事柄である。そしてそもそも、「人間に関すること」と「ダイモニオンに関すること」とが、明確な基準に基づいて区別されているようには思えないのである。たしかに、さきの発言をひとつひとつ検討すると、偶然によるものを技術の対象から排除しようとしているように見えるものもある。だが、一貫してはいない。「誰が収穫するか」「誰が住むか」に関しては、技術のあずかり知らぬところであったとしても、「有益かどうか」を見定めることのできない技術がありうるだろうか。すくなくとも、プラトンのソクラテスに言わせれば、それはありえない[47]。また、すこし前の引用では、「国家とは何か、政治家とは何か、政府とは何か、統治者とは何か」といった知は、「人間に関する事柄」として探求すべきとされていた。けれども、その一方で、「家や国家をうまく治めようとするひとは占いも必要だ」とも言うのである。それら「何であるか」という問いで求められる知の内容は、いったいどこまでおよぶものなのであろう。ここでのソクラテスの言葉も、謎としか言いようがない。

さて、以上のようなクセノポンの報告を、わたしたちはどのように評価すべきであろうか。最初に述べたとおり、プラトンの報告との比較を意識しながら考察をすすめてきた。いま、プラトンには見られなかったクセノポン独自のソクラテス像が見えてきた、と言ってもいいだろう。とくに「ガラクシドロスの問い」と関連して、それぞれの回答は大変興味深いものであったように思われる。もちろん、比較によってそれらの優劣を判断し、「本当のソクラテス」を決めることなど、不可能であるし、そもそもわたしにその意図はない。それよりもむしろ、それぞれの証言をそのまま受け取ったうえで、「ソクラテスのダイモニオン」については複数の見方があった、と理解すればいいのではないだろうか。[48] ソクラテスのダイモニオンが、多くのひとたちに知られていたこと、そのことは両者とも報告している。そして、それが原因となってソクラテスが訴訟されたことも、両者は認めている。そのうえで、それぞれが異なった様相を語っているのであれば、ソクラテスが生きていたその当時に、すでに複数の理解の仕方があったことを、ともにソクラテスを弁護しようとしたふたりの報告は告げているように、わたしには思われるのである。

注

（1）ディオゲネス・ラエルティオス『ギリシア哲学者列伝』第二巻四八‐九―一〇。
（2）たとえば邦訳を参照すると、クセノフォーン（佐々木理訳）『ソークラテースの想い出』（岩波書店〔岩波文庫〕、一九五三年）において、訳者の佐々木氏は、プラトンと比較して「クセノフォーンは己れの眼に映るがままにソークラテースを伝えたのである。そこには己れの勝手な作為は加えられていない」と述べているが、クセノポン（内山勝利訳）『ソクラテス言行録1』（京都大学学術出版会、二〇一一年）では、「明らかにクセノポンはプラトン以上に限られた情報にもとづいてソクラテスを記録している」として、クセノポンの記述における「恣意性」が指摘されている。
（3）クセノポン『ソクラテスの弁明』三四‐一―四。
（4）クセノポン『ソクラテスの想い出』第一巻第一章一‐一―二。
（5）同書、第一巻第一章一‐三―五。
（6）本書第二章二九頁参照。
（7）クセノポンは、積極的に従軍するなどのその生涯から「行動のひと」と呼ばれ、イデア論を展開した「思索のひと」プラトンと対比されることがある。根本英世「解説」、クセノポン『ギリシア史Ⅱ』京都大学学術出版会、一九九九年、一八九頁参照。
（8）クセノポン『ソクラテスの想い出』第一巻第一章二‐一―四。
（9）同書、第一巻第一章二‐五―三‐三。
（10）同書、第一巻第一章四‐一―四。
（11）クセノポン『ソクラテスの弁明』一三‐四―八。
（12）クセノポン『ソクラテスの想い出』第一巻第一章五‐三。

(13) クセノポン『ソクラテスの弁明』一二‐一一―一三‐一二。
(14) クセノポン『ソクラテスの想い出』
(15) 同書、第四巻第八章一‐一―四。
(16) 同書、第四巻第八章一‐四―一二。
(17) Narcy, M., "Socrates Sentenced by His Daimon" in Destrée, P., & Smith, N. D. ed. *Socrates' Divine Signe: Religion, Practice, and Value in Socratic Philosophy*, 2005, p. 121, 124. また、プラトンの「魂の死後の可能性」に関する議論については、本書の補論二四五頁以降を参照。
(18) つづくふたつのクセノポンの証言からダイモニオンの積極的忠告を読み取る点については以下を参照。McPherran, "Socrates and His Daimonoin" in Destrée, P., & Smith, N. D. ed. *Socrates' Divine Signe: Religion, Practice, and Value in Socratic Philosophy*, 2005, p. 16, n. 15.
(19) プラトン『ソクラテスの弁明』三一Ｄ三―四。他に同様の表現は、『パイドロス』二四二Ｃ一にもある。
(20) クセノポン『ソクラテスの弁明』五‐五―六。
(21) クセノポン『ソクラテスの想い出』第四巻第八章五‐四―六‐一。
(22) クセノポン『ソクラテスの弁明』八‐一。
(23) クセノポン『ソクラテスの想い出』第一巻第一章四‐三―六。
(24) プラトン『エウテュデモス』の登場人物とは別人である。佐々木、前掲書、二八四頁注参照。
(25) クセノポン『ソクラテスの想い出』第四巻第三章一二‐九―一一。
(26) 同書、第一巻第一章四‐六、第一巻第四章一五‐五、第四巻第三章一三‐一、第四巻第八章一‐一一、『ソクラテスの弁明』一三‐三、六。なお、この語はプラトンに見られないが、後のプルタルコスなどではダイモニオンとの関連で用いられている。

(27) 同書、第一巻第五章六－一二、第二巻第六章六－三、第四巻第四章一〇－五参照。
(28) 同書、第一巻第一章六－一一—七－一。
(29) 同書、第一巻第一章九－一〇—一三。
(30) 同書、第一巻第一章七－一—二。
(31) 同書、第一巻第一章八－二—三。
(32) 同書、第一巻第一章一二－一—一三－一。
(33) プラトン『パイドン』の報告とは異なる。また、クセノポンの報告でも、そういったことを探求したソクラテスが語られることもある。クセノポン『饗宴』六－六。
(34) クセノポン『ソクラテスの想い出』第一巻第一章一一—一六。
(35) 同書、第一巻第二章三一－二—七。もっともクセノポンの報告によると、ここでソクラテスがクリティアスに語った言葉（ロゴス）は、かなり辛辣なもので、あまり哲学的議論とは言えない。美男子エウテュデモスにすり寄るクリティアスに対して、大勢の前で「クリティアスには豚がとりついているようだ」と非難したそうである。
(36) プラトン『国家』三三七A四。
(37) クセノポン『ソクラテスの想い出』第四巻第六章一四－九—一五－四。
(38) 本書第三章六六頁参照。
(39) クセノポン『ソクラテスの想い出』第一巻第一章九－一—五。
(40) 本書第二章七一頁、とくに注五七参照。
(41) エウリピデス『フェニキアの女たち』八八八、アイスキュロス『供養する女たち』五六六にも同様の意味での「ダイモナーン」の用例がある。
(42) クセノポン『キュロスの教育』第五巻第一章二八－二—三。他に、『ギリシア史』のなかでは、「ところがこれを聞いた議会は、彼（プロトオス）が戯言を言っているのだと考えた。つまり、ダイモニオンが彼を導いているように思われたのである」（第六巻第四章三－一―三）のように、戯言を語る原因としてもダイモニオンが語られている。

(43) クセノポン『ソクラテスの想い出』第一巻第一章七－一―八－三。

(44) 同書、第一巻第一章八－三―九－一。

(45) プラトン『ソクラテスの弁明』二二D六―E一。

(46) 同書、二一D四。

(47) 技術がその対象に利益をもたらすものであることについては、プラトン『国家』第一巻のソクラテスとトラシュマコスとの対話はあまりに有名である。同書、三三八A以降、とくに三四二B以降を参照。また、『ポリティコス』二九七Aでも、船乗りの技術と有益さについての言及がある。

(48) 「見方」というあいまいな表現を用いているのは、それぞれが事実を異なった仕方で理解したということと、またそこには、それぞれの思い入れ（創作）も少なからず含まれているであろう、と考えてのことである。Pucci, P., *Xenophon Socrates' Defense*, Amsterdam, 2002, p. 37.

第五章　ダイモニオン伝説の誕生
——擬ソクラテス書、キケロ『占いについて』の考察

これまでの考察によると、ソクラテスの死後、彼の生き方を後世に伝えようという共通の意図のもとで、じつにさまざま異なったソクラテス像が形成されたようである。そしてそれらに応じて、ダイモニオン理解も異なった様相を呈している、と言えるだろう。さらに、わたしたちの手元には届かなかったが、ソクラテスをめぐる著作が他にも数多く書かれていたようだ。三世紀前半に活躍したディオゲネス・ラエルティオスは、その著『ギリシア哲学者列伝』のなかで、前二世紀のストア派の学頭パナイテオス（前一八五年頃―一〇九年）の見解としてつぎのような証言を伝えている。

「ところで、パナイテオスは、すべてのソクラテス対話篇のうちで、プラトン、クセノポン、アンティステネス、およびアイスキネスによって書かれたものは真実であると考えている。だが、パイドンやエウクレイデスが書いているものについては、彼は疑いをいだき、またそれ以外の他の作品についてはすべて否定している(1)」。

これまでに見てきたプラトンとクセノポンを除くと、残念なことに、それ以外の「ソクラテス対話篇」は断片がいくつか残されるだけである。(2) それらにどのようなソクラテス像が描かれていたのか、詳細を知ることはきない。けれども、パナイテオスがそれらを「真実である」「疑う」「否定する」と区別していることからしても、より多様なソクラテスのすがたが描かれていたであろうと推測はできる。そして、これらソクラテスの記憶をとどめようという意図で書かれた「ソクラテス書」は、プラトンの晩年にあたる前四世紀の中頃に終焉したと言われる。(3)だが、ソクラテスについて語られなくなったわけではない。むしろ、きっとそれら「ソクラテス書」をもとにしてのことであろう、ソクラテスを直接には知らないひとたちも、ずっとソクラテスについて書きつづけたのである。(4) 多くのひとがそれぞれのソクラテスを語ったのだ。それらを本章では、「ソクラテス書」を擬して書かれたものとして、「擬ソクラテス書」と呼ぶことにする。もっとも、その著者や年代が正確に特定されないものが多く、また、実物に接していない以上、実像とは離れたものかもしれない。しかし、逆にそれだけに、たいへん興味深いものもある。「ソクラテスのダイモニオン」に関して言えば、それがどのように伝えられていったかを知る貴重な資料と言えるだろう。それらのうちのいくつかを取り上げ、考察していくことにしよう。

第一節　擬プラトン『テアゲス』

まず最初に『テアゲス』という対話篇を見てみよう。この作品は、後一世紀にトラシュロスがまとめた「プラトン著作集」のなかに含まれてはいるが、今日では一致して偽作と認定されている。真の作者については、プラトンの時代に学園アカデメイアの弟子によって書かれたとする説と、前二世紀ころにプラトン読者のうちのひとりによって書かれた作品とする説に分かれるようである。(5)

対話篇擬『テアゲス』でソクラテスの対話相手をつとめるのは、公職を退いたあと裕福な隠遁生活をすごすデモドコスと、その息子テアゲスである。父デモドコスは、息子テアゲスを知者にしようと、彼の教育をソクラテスに依頼しようとする。そして、そのテアゲスの求める「知」について、それが何であるか、ソクラテスを中心に対話が展開されていく。副題は、「知恵について」である。そのなかでソクラテスは、すこし議論の主題からはずれるかたちで、自分がこれまでともにすごしてきたひとたちとの経験談を語る。そこで、「ソクラテスのダイモニオン」にまつわるいくつかの事例が示されるのである。それはあたかも、この対話篇の主題であるかのようにも見える。(6)

さて、擬『テアゲス』のなかで最初にダイモニオンが語られるのは、「国家社会のことにかけての知者」になるために、デモドコス親子はソクラテスと「ともにすごすこと（συνεῖναι）(7)」を望んで相談にくるが、ソクラテスは躊躇する、その理由を語る場面においてである。ソクラテスはつぎのように言う。

「神の定めのようなもので、わたしには、子供のころから（ἐκ παιδὸς）始まって、ダイモニオンが付きそっているのだ。それは声（φωνή）であって、それが現われる時にはいつも、わたしがしようとしていることをさしひかえるようにわたしにしるしを与え、それをすすめることはどんな場合にもないのである（ὃ ἂν μέλλω πράττειν, τούτου ἀποτροπήν, προτρέπει δὲ οὐδέποτε）(8)」。

ここで語られていることに関しては、第二章で考察したプラトン『ソクラテスの弁明』で描かれている内容と、言葉づかいを含めて、ほぼ同じである。確認しておこう。

「これはわたしには、子供のころから（ἐκ παιδὸς）始まったもので、一種の声（φωνή τις）となって現われるのだ。それが現われる時にはいつも、わたしが何かをしようとしているときに、それをわたしにさしとめるのであって、それをすすめることはどんな場合にもないのである（ἀεὶ ἀποτρέπει με τοῦτο ὃ ἂν μέλλω πράττειν, προτρέπει δὲ οὔποτε）(9)」。

つまり、ダイモニオンが「声」であること、また、ソクラテスが「しようとしている」ことをさしひかえさせ、けっしてするように命じることはないこと、さらには、「子供のころから」のものであること、これらの特徴は、ふたつの対話篇に共通する。[10] しかしながら、擬『テアゲス』でさきの引用につづいて語られることのなかには、まったく新たな要素が加わってくる。

「また、友人の誰かがわたしに相談にきて（ἀνακοινῶται）、その声が現われる場合でも同じことだ。それをさしひかえさせ、することを許さないのだ（ἀποτρέπει καὶ οὐκ ἐᾷ πράττειν）」[11]。

この証言だけでは読み取りにくいかもしれないが、大きな違いがある。ダイモニオンは、ソクラテス自身がしようとしたことに対してソクラテスに現われるだけでなく、ソクラテスの友人が何かをしようとしたことに対してソクラテスに現われる、と言われているのである。[12] ここでのダイモニオンは、他人が意図した行動を禁止させる声でもあるのだ。

もっとはっきりとそれが語られている個所を見てみよう。さきの言葉につづいて、ソクラテスは、そのように他人の行為を禁止するダイモニオンが現われたにもかかわらず、それに背いたばかりに、その当のひとに善くない結果が生じた事例をいくつも挙げる。

「カルミデスはかつて、メネア競技会のレースの練習をしようとして（μέλλων ἀσκήσειν）、わたしに相談にきたのだ（ἀνακοινούμενος）。そして、彼がこれから練習をするつもりだ（μέλλοι ἀσκεῖν）と言い始めるやいなや、その声が現われた」[13]。

カルミデスとは、プラトンの対話篇『カルミデス』の主役でもあるが、やがて政治家となって「三十人独裁政府」に加担し、後に滅ぼされることになる人物である。[14] そのカルミデスは、この引用のつづきによると、ソクラテスの忠告を受け入れずに練習をした。その結果について、対話篇では明らかにされていないが、「カルミデス自身に尋ねてみる価値がある」[15]とソクラテスが述べているところを見ると、よくないものであったことは容易に窺い知れる。ともあれ、ここで重要なのは、カルミデスが「〜しよう」としたことに対して、ソクラテスに「その声が現われた」という点である。そして、ひとつ前の引用に戻ってみると、やはりソクラテスの友人が「相談に来た」のは、彼が何かをしようとしてのことであることが明白に読み取れるであろう。

また、別の事例として、とある殺害を企てていたティマルコスという人物がそれを実行に移そうとしたさいの、ソクラテスとのやり取りが語られている。[16] 酒宴に参加していたティマルコスが、ひとを「殺害するために（ἀποκτενοῦντες）」その場を立ち去ろうとしたときのことである。ソクラテスはこう説明する。

「するとわたしにあの声が現われたのだ。そこでわたしはティマルコスに向って言った。「いや、決して立ってはならない。というのも、わたしにいつものダイモニオンのしるしが現われたからだ（μοι τὸ εἰωθὸς σημεῖον τὸ δαιμόνιον）」。すると、彼はさしひかえた。そしてそれからすこしたつと、ティマルコスは再び行く気になって（ὡρμᾶτο ἰέναι）、「では行くよ、ソクラテス」と言った。もう一度あの声が現われた。そこでわたしはまた彼を無理にひきとどめたのだ。三度目には、彼はわたしに気付かれないようにと思い、わたしがほかのところに気を取られているあいだに、もうわたしには何も言わないで、ひそかに立ち去ったのだ。彼はそのようにして立ち去っていくと、ことを果たして、それで死んでいったのだ[17]」。

ここでは、「殺害するために（ἀποκτενοῦντες）」という目的を表す未来分詞や、「～する気になる（ὁρμᾶσθαι＋不定法）」といった表現が用いられているが、やはり同じく、ソクラテス自身ではなく彼と一緒にいたひとの行為に対して、ダイモニオンがソクラテスに現われたのである。そして、ソクラテスの忠告に、いや正確に言うと、ソクラテスに生じたダイモニオンのしるしに背いたティマルコスは、殺害には成功するものの死罪に処せられることになったのである。

さらに、歴史的な出来事とも関連させながら、いくつかの事例が示される。かつてのシケリア遠征（前四一五―四一三年）は、ソクラテスのダイモニオンのしるしに逆らって挙行され、アテナイ軍は壊滅したこと[18]、また、現在進行中の話として、エペソスに遠征しているサニオンなる人物も、彼の出征時、自分に生じたダイモニオンゆえにその安否が気がかりであること[19]、これらをソクラテスは語るのである。そのうえでつぎのように言う。

「さて以上のことをすっかりあなたに話したのは、このダイモニオンのこのような力は、わたしとともに時をすごすひとたちとの交際にまで全面的に作用が及ぶからだ（εἰς τὰς συνουσίας τῶν μετ' ἐμοῦ συνδιατριβόντων τὸ ἅπαν δύναται）。じっさいそれは多くのひとたちに対して反対するのであって（πολλοῖς μὲν γὰρ ἐναντιοῦται）、そういった多くのひとたちにとっては、わたしとともにすごしても利益を受けることはなく、したがってわたしは彼らとともにすごすことはできないわけだ。……他方、ひとによっては、ダイモニオンの力がわたしと彼らがともにすごすことを助けるようなひとたちもいるのであって、あなたもまた気づいているようなひとたちがそれだ。すなわち、彼らは急速な進歩を遂げるのだ（ταχὺ γὰρ παραχρῆμα ἐπιδιδόασιν）[20]」。

ここでは明確に、「ダイモニオンのこのような力は、わたしとともに時をすごすひとたちとの交際にまで全面的に作用が及ぶ」と語られているのである。たしかに、ダイモニオンがソクラテスの周辺人物に影響を及ぼすことについては、第二章で取り上げたプラトン『テアイテトス』のなかで、類似したことが語られていた。それはこうだ。

「そういうひとりにリュシマコスの子アリステイデスがいて、その他たいへん多くのひとたちがいる。もしそういったひとたちがもう一度やってきて、わたしとともにすごしてほしいと願い、あきれるようなことまでして見せる場合、わたしにいつも現われるダイモニオンは、そのあるひとたちとはともにすごすことを妨げ、他のあるひとたちとはともにすごすことを許すのだ（ἐνίοις μὲν τὸ γιγνόμενόν μοι δαιμόνιον ἀποκωλύει συνεῖναι, ἐνίοις δὲ ἐᾷ）。そして後者のひとたちはふたたび進歩を遂げる（πάλιν οὗτοι ἐπιδιδόασι）」[21]

擬『テアゲス』の内容と同様に、多くの友人が「ソクラテスとともにすごすことを求めて（δεόμενοι τῆς ἐμῆς συνουσίας）」やってくることが語られているし、また、ダイモニオンがソクラテスとの交際を許したひとたちは「進歩を遂げる（οὗτοι ἐπιδιδόασι）」という点も同じである。しかし、『テアイテトス』では、友人たちがソクラテスとともにすごそうとしたことに対してではなく、それに対応しようとしたソクラテスに、ダイモニオンが現われる、あるいは現われないというかたちであった[22]。つまり、あくまでもソクラテス自身の意図した行為にダイモニオンが関与し、その結果として、ソクラテスの周辺のひとたちに利益が与えられたり、与えられなかったりしたのである。それに対して、この擬『テアゲス』でのソクラテスの言葉や、ソクラテスが挙げた事例は、ことごとく異なっていると言っていい[23]。いずれの事例においても、対話相手が「しようとした」ことに、ダイモニオンがソクラテスに現われるのである。ひょっとするとこのことも、擬『テアゲス』が偽作と認定される根拠のひとつとなるかもしれない。

第二節　（擬）プラトン『第一アルキビアデス』

ところで、「プラトン著作集」のなかには、今日その真偽性がなお議論されている『第一アルキビアデス』という対話篇が含まれている。そこでも、ダイモニオンによってソクラテスとともにすごすことが許され、利益が与えられることが約束された人物が登場する。対話篇の書名ともなっている、かの有名なアルキビアデスである。この対話篇について、論者のなかには、さきの擬『テアゲス』と同様に、学園アカデメイアの学生によって、しかも年代を限定して前三四〇から三三〇年に書かれたのではないかと推測する者もいるようだ(24)。さしあたり真偽性については留保したまま、『第一アルキビアデス』で語られるダイモニオンについて、これまでの議論を踏まえて考察してみよう。

この対話篇で主役をつとめるアルキビアデスは、本当にいろんな点で有名人であった(25)。そのせいなのか、「プラトン著作集」のなかには、同一人物を主役とした『第二アルキビアデス』と呼ばれる偽作がもう一冊ふくまれている。また、この章のはじめに挙げた「ソクラテス書」の作者たちのうちでも、アイスキネス、エウクレイデス、アンティステネスの三人が『アルキビアデス』という対話篇を書いたと伝えられる(26)。ソクラテスとアルキビアデスとの関係はどのようなものであったのか、この「アルキビアデス問題」は、当時の大きな関心事であったようだ(27)。というのは、若いころソクラテスとともにすごしたアルキビアデスは、のちに政治家として、また軍人として、たしかに活躍はするものの、むしろ野心の強さと無節操ぶりが際立ち、[28] ついには祖国アテナイを裏切り、アテナイ人たちに大きな害を与えることになったからである。アルキビアデスは、ソクラテスへの訴状「青年たちを腐敗させる」で言われている「青年」のひとりとさえ目されている[29]。

しかしながら、この『第一アルキビアデス』に登場する彼は、ソクラテスとの交際を望む美青年アルキビアデスである。すでに第三章で考察したプラトンの真作『饗宴』に出てくるアルキビアデスと、ほぼ同じような人柄が描かれている。アルキビアデスの美貌は当時のアテナイではそうとう有名だったようで、多くのひとたちが彼との交際を求めてアルキビアデスのところにやってきた。しかしながら、アルキビアデスはその気にならず、彼らは退散していく。そのようななか、これまでアルキビアデスに対して何のそぶりも見せなかったソクラテスが、彼のもとにやってきて、アルキビアデスは自分との交際によってこそ優れた人物になるであろうことを、臆面もなく主張するのだ。そして、それができたのは、やはりダイモニオンのしるしがあったからなのである。ふたりのそのやり取りはこうである。

ソクラテス「わたしの後見人はあなたの後見人ペリクレスよりも優れていて、またより知恵があるのだ」。

アルキビアデス「それは誰のことですか」。
ソクラテス「それは神（θεός）だ、アルキビアデス。今日のこの日まであなたと対話することを許してくださらなかった（οὐκ εἴα …… διαλεχθῆναι）その方だ。この方を信頼してわたしは、あなたが名声を手に入れるようになるのはわたし以外の他の誰によってでもない、と言うのだ[30]」。

ペリクレスとは、アテナイの黄金時代を築いた政治的指導者で、アルキビアデスの親戚にもあたる。そのペリクレスよりもすぐれた後見人であり、ここで「あなたと対話することを許さなかった」と言われている神とは、まぎれもなくダイモニオンのことをさす。そのダイモニオンがいまは許しを与えたのである。このことは対話篇の冒頭でつぎのように言われていた。

「クレイニアスの息子（アルキビアデス）よ、思うのだが、あなたは不思議に思っているだろう。わたしがあなたの最初の恋人になって、他のひとたちはあなたをあきらめたのに、わたしひとりだけがはなれずにいるのだから。また、他のひとたちときたら、取り囲んであなたと話をしていたのに、わたしはと言えば、これまでずっと話しかけもしなかったのだから。けれども、話しかけなかった理由は、ひとが反対したからではなくて、むしろとあるダイモニオンの反対があった（τι δαιμόνιον ἐναντίωμα）からなのだ。それの力については、またあとであなたに話すことにしよう。

ただいまはもうそれが反対をしない（οὐκέτι ἐναντιοῦται）から、こうしてあなたのところにきているのだ。ダイモニオンはこれからも反対しないだろうと、わたしは楽観している」[31]。

この証言から、ソクラテスは、ダイモニオンの二通りの指示に従ったことが見て取れる。そして、これまでの考察を頼りに言葉を補うと、こう言えるだろう。まず、「これまでずっと」、ソクラテスがアルキビアデスに「話しかけ」ようとしたときに、ダイモニオンがソクラテスに生じた。だから、ソクラテスはそれを「ダイモニオンの反対」と理解し、話しかけることをやめた。だが、「いま」話しかけようとしたとき、ダイモニオンは現われなかった。ソクラテスはそれを「ダイモニオンの許し」と理解し、アルキビアデスのところにきている。対話篇を読み進めると、ここでの「いま」とは、アルキビアデスが政界入りの資格を得る年齢となる数日前であり、また、アテナイの演壇に立つ用意をしているときであることが分かる[32]。そこで何を話すか、そのための助言を必要としているときである。他方、それより以前の「これまでずっと」とは、アルキビアデスがもっと若かったころであり、何事にもひとの助けを必要とせず自信に満ちていたころである。これらの点をふまえると、おそらくソクラテスにはつぎのような推論が成立していたのであろう。

・これまでずっと、アルキビアデスとともにすごそう（話そう）とするわたしにダイモニオンが現われた。

・したがって、そのときアルキビアデスとともにすごそうとすることは正しくなかった。
・その理由は、まだアルキビアデスが自分を受け入れる用意ができていなかったことにある。
・いまは、ともにすごそうとしてもダイモニオンは現われない。
・したがって、いまアルキビアデスとともにすごそうとすることは正しい。
・その理由は、アルキビアデスは自分を受け入れる用意ができている。
・ダイモニオンの許しを得てソクラテスとともにすごすものは進歩を遂げる。
・したがって、アルキビアデスはわたしによって進歩を遂げる。

だからこそ、さきに引用したような、自信に満ちた臆面もない主張をソクラテスはすることができたのである。その推論はつぎのソクラテスの発言からうかがい知ることができる。

「わたしが思うに、あなたがもっと若くて、このような希望をいだくようになる以前には、神は話をすることを許さなかったのだが、それは話が無駄にならないためだったのだ。だがいまは認めておられる。いまならあなたもわたしの言うことに耳を傾けてくれるだろうからね(33)」。

ここでもソクラテスは、ダイモニオンを契機として、みずからの議論(ロゴス)によってひとつの結論にいたったのだ。ダイモニオンとともにロゴスにも従うソクラテスのこのありかたは、第二章でみたソクラテスの姿と重なる。そして、結果としてソクラテスの周辺の人物に利益を与えるのではあるが、ダイモニオンはあくまでもソクラテス自身が「しようとした」ことに生じた。そうだとすると、『第一アルキビアデス』でのダイモニオンは、他の真正のプラトン対話篇のそれと一致するのである。もし、対話篇の真偽性について述べることがあるとすると、『第一アルキビアデス』は、この点では真作とみなされうるかもしれない。

しかしながら、ダイモニオンに関しては、なおひとつの反論が予想される。このアルキビアデスは、ダイモニオンに従いソクラテスとともにすごしたものの、その後の生きざまを見るかぎり、さきに述べたとおり、ソクラテスの教えを実践したとはとても思えない。つまり、「進歩を遂げ」たようには見えないのである。そうであれば、ダイモニオンは誤ったしるしを与えたことになりはしないか。クセノポンの考察でもみられたように、その最終的な結末から判断すると、「ソクラテスはダイモニオンについて誤ったことを語った（περὶ τοῦ δαιμονίου ψευδόμενον）」[34]という批判が成立しうるだろう。

この点について、プラトンの対話篇の内容から直接、弁明を聞くことはできない。ただ、アルキビアデスが登場する対話篇の設定年代はじつに微妙である。彼が登場する『プロタゴラス』とこの『第一アルキビアデス』の対話の場面は、それぞれ、四三三年、四三二年となっており、そこにいるのは、ソクラテスとの交際を望む十代後半のアルキビアデスである。また、第三章で考察した『饗宴』の設定年代は、さきにも述べたが四一六年であり、その年は、アルキビアデスによって推進され、彼の政治的、軍事的キャリアのなかで大きな転機となったシケリア遠征の前年にあたる。つまり、プラトンの真正対話篇に出てくるアルキビアデスは、それ以前の彼なのである。プラトンのソクラテスは、その後のアルキビアデスに関して、ほぼ沈黙したままなのである[35]。

それに対して、さきに考察した擬『テアゲス』は、偽作ならではの答えを与えてくれている。「進歩する」のは、あくまでもソクラテスと一緒にいるときだけだ、と言うのである。

「しかしながら、多くのひとたちは、わたしとともにすごしているあいだは驚くべき進歩を遂げる（θαυμάσιον ἐπιδιδόασιν）ものの、わたしから離れてしまうと、また他の誰とも変り映えしなくなるのだ[36]」。

きっと、このソクラテスがアルキビアデスについて語ったとすれば、アルキビアデスも「多くのひと」のひとりである、そう言うであろう。だが、もし徳は知であり、知は「確固たるもの[37]」であるとするなら、このようなことは言えないであろうし、プラトンの報告するソクラテスであれば、そもそも一時的な改善を「驚くべき進歩」とまでは言わないであろう。もっとも、擬『テアゲス』の対話の場面は四〇九年に設定されている。そこでの対話では、シケリア遠征にはダイモニオンの反対があったことも語られている。つまり、遠征を推し進めたアルキビアデスは、ダイモニオンに背いた人物ということになるのだ。よくない結果が訪れるのは当然であり、その原因はあくまでもアルキビアデス自身にあることになるであろう。

第三節　ソクラテス書簡集

さて、「プラトン著作集」とは別に、『ソクラテス書簡集』というものが、わたしたちに伝えられている。ソクラテスがやり取りしたとされる総数わずか七通の書簡であるが、今日その真偽性は何ら議論されることはない。なぜなら、偽作として見解が一致しているからである。成立年代は、早ければアレクサンドリア時代（前四世紀末―前一世紀末）、遅い場合は三世紀初頭の可能性もあるとされている[38]。ずいぶんの幅のありようだが、それはソクラテスの影響の大きさを物語るものであろう。そのなかの一通に、ダイモニオンに言及されているものがある。「ソクラテスより」と題されたその書簡は、マケドニア王アルケラオス（在位前四一三―三九九年）へ宛てた返信という体裁で書かれている。ソクラテスを自国マケドニアに招請しようとする王アルケラオスの書簡に対する、ソクラテスによる断りの返事である。招請を断る理由として、ソクラテスはダイモニオンを語るのである。

「かの神は（ἐκεῖνος）わたしがこの地を離れることを許さないのです（ἀφίστασθαι οὐκ ἐᾷ）。わたしはむろんのこと神に従わなければなりません。なぜなら、神は何がふさわしいかをわたしよりよく御存じなのですから。わたしがあなたのところへ赴こうとしたときにその神はさしとめ（βουλομένῳ ἀπεῖπε μὴ ἰέναι）、二度目にあなたがわたしに手紙をくださったときにも、それを禁じたのです（ἀπηγόρευσεν）[39]」。

さらにソクラテスはつづけて、自分が語るダイモニオンが一般に受け入れられていないことを認めながらも、それがもたらす有益さを、事例を挙げながらつぎのように語っている。

「もっとも、わたしがダイモニオンのことを語っても信じてもらえそうにないことは、驚くことではありません。これまでも、他のひとたちがわたしにそんなそぶりを見せたことは少なくないのですから。デリオン郊外の戦いのさいにも、大部分のひとたちはわたしを信じようとはしませんでした。そのときわたしは軍務に服し、アテナイの全軍をあげての遠征に参加していたのですが、われわれが多数で一斉退却に移り、とある渡河点にさしかかったとき、わたしにいつものしるしが現われました（συνέβη μοι τὸ εἰωθὸς σημεῖον）。そこでわたしは立ち止まり、こう言ったのです。「皆さん、そちらへ進むべきではありません。ダイモニオンが、かの声がわたしに現われましたから」。しかし大部分のひとたちは、あたかもわたしが時宜をわきまえずに冗談を言っているとでも思って腹を立て、まっすぐ行ってしまいました。ただ一部の少数のひとたちはそれに従って、わたしと一緒に反対の道をとったため、無事に家にたどり着いたのです。他のひとたちは、かれらのうちのひとりだけ帰還したひとによれば、全滅したそうです」[40]。

ここでの事例は、前四二四年、テバイを中心としたボイオテイア同盟軍との戦いで、じっさいにソクラテスがアテナイ軍の一員としてボイオティア地方の町デリオンに出征し、それが失敗に終わり退却した、という史実をもとにしている[41]。ちなみに例のアルキビアデスはその時一緒で、馬に乗りながら、徒歩の重武装で従軍していたソクラテスを励ましたそうである[42]。それはともかく、この書簡によると、デリオンからの退却のさいにダイモニオンがソクラテスに現われ、それに従わなかったものは害を蒙り、従ったひとたちは無事生還するという利益を得た、というのである。つまり、ソクラテスのみならず彼の周辺のひとたちをも巻き込む力として、ダイモニオンは描かれているのである。

たしかに、この個所でのダイモニオンはソクラテス自身の行為に生じたものであり、その点では真正のプラトン対話篇で語られているダイモニオンの特徴と一致する。また、その禁止の命令に従ったものを「進歩」させたと言えるかもしれない。しかしながら、やはり擬『テアゲス』との類似性の方が際立つように思われる。もたらす「進歩」がソクラテスの語る徳とは結びつかない点、そして何より、歴史的事実と関連させられている点である。もっとも、この「デリオンの戦い」それ自体は、プラトンやクセノポンの「ソクラテス書」のなかでも触れられている。だが、そこでダイモニオンに関することは何ひとつ触れられていない[43]。もし、そこにダイモニオンが生じていたならば、何らかの言及があってもいいのではないか。後の人物による創作と判断するのが自然であろう。

ところが、ソクラテスのダイモニオンと関連させて語られるこの「デリオンの一件」は、後にも論じるが、プルタルコスの『ソクラテスのダイモニオンについて』によると、かなり有名なこととされ、プルタルコスはシミアスにつぎのように語らせている。

「何度も、しかも多くのひとから聞いている。じっさいその話がもとで、ソクラテスのダイモニオンは、ほとんどのアテナイ人に知られることになったのだ(44)」。

さらにまた、ここでシミアスが言う「何度も、しかも多くのひとから聞いている」この一件は、前一世紀に生きたかの有名なキケロの、『占いについて』という著作のなかにも見いだすことができるのである。ラテン世界でも、ソクラテスのダイモニオンは、ある種、形を変えて、知れわたっていたようだ。

第四節　キケロ『占いについて』

著者キケロ（前一〇六年—四三年）について、ここで多くを述べる必要はないであろう。紀元前一世紀、共和政ローマで活躍した政治家であり、弁論家であり、哲学者である。数多くの著作や弁論が残されているが、その多さが逆にわざわいとなったのか、キケロ自身の哲学的立場はあまり明確ではなく、一般には折衷主義者と理解されてきた[45]。『占いについて』は、キケロの小作品である。日本語の翻訳『キケロー選集』のなかには、残念ながら含まれていない。もちろんこの書は、本章で「擬ソクラテス書」と呼ぶものとは性格を異にする。キケロはソクラテス、およびソクラテスの主張を哲学的考察の対象として取り上げているのである。

『占いについて』は、その名が示す通り、占いが主題である。ソクラテスのダイモニオンも、そのひとつとして位置づけられている。そのさいキケロの出発点となったのは、「古代のひとたちは、証明された議論（ラティオ）にもとづくよりも、むしろ不思議な仕方で示された事柄にもとづいて、さまざまなものごとの確証を得ていた（veteres rerum magis eventis moniti quam ratione docti probaverunt）[46]」という思いである。そして、そのひとりとしてキケロはソクラテスの名前を挙げている。

『占いについて』の議論は対話形式で展開され、キケロの弟であるクイントゥスがまず、占いを擁護するかたちで、占いをふたつに区別する[47]。ひとつは、「技術によるもの」であって、観察によって、すでに知られているものからまだ知られていないことを見いだそうとするものである。他方、もうひとつを、「生まれつきの自然本性によるもの」とクイントゥスは言う。彼の説明によると、神的な魂を持つひとの自然本性は、自然のなかに満ち溢れている神的なものに触れることができる。それが占いや予言というかたちで、一部のひとに語られるのである。だが、それが可能なのは、魂が身体的な拘束から解き放たれた状態にあるひと、すなわち「純粋で敬虔な魂（castus animus purusque）[48]」の持ち主のみである。そして、まさにそういった人物として、クイントゥスはソクラテスを挙げ、つぎのように語っている。

「言うまでもなく、わたしたちに受け入れられているソクラテスの魂こそ、まさにそういったものなのである。彼の弟子たちが書いた本のなかで（in libris Socraticorum）、ソクラテスみずからがしばしば語っていたことであるが、ある種の神的なもの（divinum quiddam）が存在する。それをソクラテスはダイモニオンと呼んでいた。ダイモニオンは、いつも何かを命じようとは決してしなかったが、しばしば彼をひきとめようとした（cui semper ipse paruerit numquam impellenti, saepe revocanti）[49]」。

ここで「ソクラテスの弟子たち」と複数形が用いられていることからすると、さまざまな「ソクラテス書」をもとに、クイントゥスはソクラテスおよびダイモニオンを説明しているのであろう。しかし、どうやら彼が参照したもののなかには、「擬ソクラテス書」も含まれていたようである。クイントゥスはつづけて、さきの「デリオンの一件」を含むふたつの事例を示している。

「これもソクラテスに関して記述されていることである。彼が、友人であるクリトンが目に眼帯をしているのを見て、どうしたのかと尋ねたところ、クリトンは、畑を歩いていたときに、しなんでいた木の枝がはねかえり、それがふりかかり自分の目にあたったのだと答えた。するとソクラテスは、「それはなぜかというと、わたしにいつものダイモニオンが現われて（praesagatione divina）、あなたに戻るように言ったのに、あなたは聞かなかったからだ」と言ったのである。また、これもソクラテスに関することである。ラケスの指揮のもと、不運な戦いがデリオンでなされたあと、ソクラテスは指揮官とともに退去していた。そして三叉路にやってきたそのときである。ソクラテスは、他のひとたちが選んだ道を通って退去しようとはしなかった。彼は、なぜ同じ道を進まないのかと尋ねられると、神によって決められたことだ（deterreri se a deo）、と答えたのである。そして、ソクラテスとは別の道を通って退去したひとたちは、敵の騎兵隊に出くわすことになった」(50)。

ここに登場する人物の名前は、クリトンもラケスもともに、プラトンの対話篇でなじみのひとたちである(51)。だが、最初のクリトンの事例は、他では見いだされない。ただ、その事例にしても、「デリオンの一件」にしても、擬『テアゲス』で言われていたように、ソクラテスのみならず彼の周辺のひとたちをも巻き込む力としてダイモニオンは描かれているのである。そして、事例は他にもたくさんあることを、クイントゥスはつぎのように述べる。

「ソクラテスによって驚くべき仕方で予言された（quae mirabiliter a Socrate divinata sunt）たいへん多くの事例が、アンティパトロスによって収集されている。だがそれらについては、触れないでおこう。あなたにもよく知られていることだし、わたしにとっても、それらを思いだす必要はないのだから[52]」。

このアンティパトロスとは、前二世紀初頭に活躍したストア派の哲学者で、この章のはじめにでてきたパナイテオスの前にストア派の学頭をつとめた人物である。ここで言われているようなかたちで、クイントゥスの議論はダイモニオンからはなれてしまい、また、アンティパトロスの収集したものが今日のわたしたちに伝えられていないのは、たいへん残念なことである[53]。その内容を、わたしたちは知ることはできない。だが、「ソクラテスによって驚くべき仕方で予言された」という表現は注目すべきかもしれない。

ところで、キケロによるソクラテスについての言及と言えば、まず思い起こされるのは、『トゥスクルム荘対談集』のなかの、あまりに有名なつぎの一節であろう。

「ソクラテスは、はじめて、哲学を天上から引き下ろして、町に据えつけ、さらには家のなかに導き入れ、人生や道徳について、また善や悪について探求するように仕向けた[54]」。

ここで言われている「善や悪について探求する」ソクラテスは、プラトンやクセノポンの著作に基づくものであろう。わたしたちにもたいへん馴染みのものである。さらにキケロは、そのつづきでソクラテスには「多種多様な議論（multiplex ratio）[55]」があったと書いているが、また別の著作では、ソクラテスの議論のあり方について、プラトンを典拠としながらつぎのように述べている。

「ソクラテスが常としていたのは、質問をしたり尋ねたりすることによって（percontando atque interrogando）、議論している相手の臆見を誘い出し、相手が答えたことについて何か言うべきことがあればそれを言うということであった[56]」。

つまり、「質問したり尋ねたりすること」とは、「対話」と言い換えていいだろう。そのようなロゴス（ラティオ）の営みを「常としている」ソクラテスを、キケロも一方で理解していたはずなのである。そうだとすると、やはり『占いについて』のなかで描かれているソクラテス、すなわち「証明された議論（ラティオ）にもとづくよりも、むしろ不思議な仕方で示された事柄にもとづいて、さまざまなものごとの確証を得ていた」古代のひとのひとりとしてのソクラテス、また「驚くべき仕方で予言する」ソクラテスとは、相容れないようにも見えるのである。そういった点についてキケロはどのように考えたのか、謎として残る。

第五節　ダイモニオン伝説

さて、本章でとりあげた作品からは、真作である可能性が残る『第一アルキビアデス』を別にすると、それらに共通する特徴的な「ソクラテスのダイモニオン」が見えてきたように思われる。まず記述のスタイルとして、ダイモニオンの事例が次々と列挙されるというのは、「ソクラテス書」にはなかったことである。これは、ソクラテスのダイモニオンそれ自体がひとつの主題となったことを意味するであろう。では、「ソクラテスのダイモニオン」の中身はどうか。繰り返しとなるが、そのダイモニオンは、ソクラテスがしようとしたことに生じるだけではなく、他のひとがしようとしたことにも生じるという点、そして、ダイモニオンの力が、ソクラテスの周辺のひとたちにも大きな影響を与えるという点、これら二点を特徴として挙げることができる。こちらのほうは何を意味するであろう。

まず言えることとは、ソクラテス自身の「ロゴスの局面」が、すくなくともひとつは失われるということである。どういうことか説明しよう。第二章で、プラトンの報告をもとにソクラテスのダイモニオンとロゴスの関係を考察したとき、あるひとつのソクラテスの行為のはじまりとおわりの二局面に、わたしたちはロゴスによる関与を見た(57)。まずひとつ、ダイモニオンはソクラテスの何らかの行為にさいして生じるのであるが、それはあくまでもソクラテスが「しようとする」ことに対してであって、その「しようとする」にいたる局面はロゴスによって決定されているのである。それをわたしたちはそれを、「はじめのロゴスの局面」として理解した。もうひとつは、ダイモニオンの発現の有無に応じて、「しようとしていた」ことの善し悪しをソクラテスが自分のロゴスで考察する局面である。それを「あとのロゴスの局面」と呼んだ(58)。つまり、ソクラテスはダイモニオンとは別に、それと両立する仕方で、ロゴスを重んじていたはずなのだ。しかしながら、本章で明らかになったダイモニオンのように、もしそれが他人の「しようとする」ことに生じるのであれば、そこにソクラテスのロゴスはまったく関与しないことになる。すなわち、「はじめのロゴスの局面」は成立しないのである。もっとも、「あとのロゴスの局面」は存立しうるであろうが。

では今度は、そのようなダイモニオンに基づくソクラテスの忠告を受ける、他人の側に身を置いて考えてみよう。そのひとは、「しようとする」ことをロゴスによって考察することはできる。また、ダイモニオンに基づくソクラテスの忠告が与えられたときに、それを契機とした考察もできる。だが、そのさいのダイモニオンへの信頼を、どのようにして獲得しているのであろうか。ダイモニオンがソクラテス自身の行為に生じた場合、その信頼性は、他ならぬソクラテス自身の経験によって得られたはずである。「子供のころから」とソクラテスが述べていたように、ロゴスとの両立も自らの経験のなかで確信されていたはずである。しかし他方、他人の側からすると、ダイモニオンへの信頼はソクラテスという人物への信頼によってのみ成立する。だからこそ、キケロはダイモニオンを、特別な人間によってのみ可能となる「占い」に位置づけたのであろう。ダイモニオンは、キケロが危惧したように、ロゴスとは遠く離れたものと受け止められるであろう。また、それを語るソクラテスは、もはや単なる占い師と映るかもしれない。

後代に見られるこのようなダイモニオンの特徴の由来を、もし「ソクラテス書」に探ろうとすれば、わたしはつぎのクセノポンの発言に行きつくのではないかと考えている。

「そして、ソクラテスは、ダイモニオンがしるしを告げると（ὡς τοῦ δαιμονίου προσημαίνοντος）、一緒にいるひとたちに、あることはするように、またあることはしないようにあらかじめ勧告した（προηγόρευε τὰ μὲν ποιεῖν, τὰ δὲ μὴ ποιεῖν）[59]」。

さきに第四章でこの発言を考察したとき、ここには禁止だけではなく、ダイモニオンによるある種の積極的な忠告が語られているのではないか、と論じた[60]。けれども、それはあくまでもソクラテスの行為に生じたダイモニオンであった。そのことはクセノポンの文脈から明らかである。だが、この発言だけを切り取ってみた場合、ダイモニオンの他人への関与が際立つようにも思われる。きっと「擬ソクラテス書」を書いたひとたちは、そのようなかたちでこの証言を理解したのではないだろうか。というのは、この章で考察した擬作である『ソクラテス書簡集』のなかに、ダイモニオンとの関連で語られるつぎのようなソクラテスの言葉があるのだ。

「また、あるひとたちには多くのことを、個人的にも、わたしはあらかじめ勧告しましたが（προηγόρευσα）、それは神の導きによって（διδάσκοντος τοῦ θεοῦ）のことです[61]」。

ここで「あらかじめ勧告する」と訳した言葉は「予言する」という意味でも用いられる。こちらの文脈ではむしろそちらの方が適訳かもしれない。するとここで見受けられるのは、「多くのことを神の導き、すなわちダイモニオンによって予言するソクラテス」である。そして、一度そのようなダイモニオンが描かれたとすれば、その後の成り行きは容易に想像がつくだろう。ときにはシケリア遠征やデリオンの戦いといった歴史的事実と関連させられながら、ときにはソクラテスの友人との日常的なエピソードとして、ダイモニオンは語られる、いや創作されるようになったのではないか。もはやそこに登場するのは「予言者ソクラテス」である。だからきっと、キケロの『占いについて』のなかで、ダイモニオンは占いのひとつとして取り上げられ、「ソクラテスによって驚くべき仕方で予言された（quae mirabiliter a Socrate divinata sunt）」といった言い方がされたのだ。

もちろん、「予言者ソクラテス」という像は、けっしてこれら後代の記述に独特なものではない。というのは、プラトンの『パイドロス』のなかでも、前章までの考察でもいくどかふれたが、じっさいにつぎのように語られていたからである。

「ところで、わたしは占いができるのだ（εἰμὶ δὴ οὖν μάντις）。あまりうまくはないがね。しかしちょうど字の下手な人と同じで、ただ自分だけのためなら、それで十分なのだ。……じっさい、魂というものは、一種の予言の力（μαντικόν τι）をもっているのだ」[62]。

このソクラテスの発言は、第二章で引用した『パイドロス』の一節のつづきである。つまり、まさにダイモニオンについて語られたその延長線上での言葉である。プラトンの描くソクラテスもまた、ダイモニオンを予言に関連することとみなしていたのだ。さらにそれは、第四章、クセノポンの報告でも顕著に見られたことでもある。しかしながら、すくなくともプラトンの描くソクラテスは、もう少し謙虚であったように見える。というのは、そのソクラテスは、「ただ自分だけのためなら、それで十分なのだ」と語っていたからである。そこに、ソクラテス周辺のひとたちへの直接的な影響は考えられていない。ましてや、他人の行動にさいしてダイモニオンが現われるなど、一言も語っていないのである。

するとどうであろうか。ソクラテスと時代をともにしたひとたちの証言にはまったく見いだされず、後の著述家たちにおいては、逆にそれが特徴ともいえるほど頻繁に語られるのであれば、ひとつの推測は可能であろう。おそらく、わたしが思うに、後の時代のひとたちは、ソクラテスのダイモニオンをもとにしながらも、さまざまな事例をいわば創作し、そのなかで予言という側面を強調するようになったのではないだろうか。それは結果として、より多様な「ソクラテス話」を形成していくことになったのであろう。これはもはや、ソクラテス自身が伝説となった、と言っていい。そしてダイモニオンは、そのような「予言者ソクラテス」を何よりも特徴づけるものだったのである。そういう意味では、それを「ダイモニオン伝説」と呼んでもいいだろう。そしてそれは、第三章でダイモニオンの由来として論じた「ダイモーン伝説」とは別物であると言わねばならない。

だが問題が生じる。いや、問題はふたたびここでも思い起こされる。というのは、そのようなかたちでダイモニオンが強調されたソクラテス像からは、彼のもう一方の側面、すなわち、自分の行為をみずからのロゴスによって律するという「ロゴスの立場」がどんどん薄らいでいくからである。ダイモニオンをもとに予言をするソクラテスは、「ロゴスのひと」ではなかったのか。これこそ「ガラクシドロスの問い」である。わたしは、キケロが『占いについて』のなかで最初に語った「古代のひとたちは、証明された議論（ラティオ）にもとづくよりも、むしろ不思議な仕方で示された事柄にもとづいて、さまざまなものごとの確証を得ていた[63]」という言葉もまた、そういったことに向けられていたのではないかと考えている。最後に、この問いを正面から受け取り、それに対する答えを与えたプルタルコスの著作を考察することにしよう。その著作は、『ソクラテスのダイモニオンについて』である。

注

（1）ディオゲネス・ラエルティオス『ギリシア哲学者列伝』第二巻六四－一一四。

（2）ここに言及されている人物のほか、アレクサメノス、アリスティポス、ケベス、クリトン、グラウコン、パイドン、シミアス、シモンの断片が、以下の書に収集されている。Giannatoni, G., *Socratis et Socraticorum reliquiae*, Naples, 1990.

（3）納富信留『哲学者の誕生』筑摩書房、二〇〇二年、一四〇頁参照。納富氏は「ソクラテス文学」と呼び考察している。

（4）ある意味で、今日までずっと続いていると言ってもいいだろう。

（5）北嶋美雪「『テアゲス』解説」『プラトン全集』第七巻、岩波書店、一九七五年、二三七頁。最近の研究では、アリストテレス『エウデモス倫理学』が『テアゲス』の一部を前提していると見なし、遅くとも三四五年には成立していたとする見解が有力なようである。*Platon Theages*, Überzetzung und Kommentar von Döring, K., Göttingen, 2004, S.79.

（6）「どうも本題はソクラテスのいわゆる「ダイモーンの合図」ということにあるように思われる」という主張がある。千葉茂美「作品解題『テアゲス』」『プラトン全集』第四巻、角川書店、一九七三年、四八五頁。他方、ダイモニオンに関する記述は、あくまでも「議論の本筋からは逸脱した、事例を用いての説明（digressive illustration）」にすぎないとする解釈もある。Bailly, J., *The Socratic Theages*, Hildesheim, 2004, p. 3.

（7）擬プラトン『テアゲス』一二七A九（北嶋美雪訳『プラトン全集』第七巻、岩波書店、一九七五年）。この言葉は、あとの『テアイテトス』一五一A一－五の引用でも用いられている言葉である。

（8）擬プラトン『テアゲス』一二八D二－五。

（9）プラトン『ソクラテスの弁明』三一D二－四。比較をはっきりさせるため、さきの引用時とは文体を変えている。

(10) これらふたつの証言に関しては、擬『テアゲス』の作者がプラトン『ソクラテスの弁明』をもとにして書いたと推測されるのが一般的であるが、他の可能性を探ろうとする試みもある。Bailly. pp. 267-268.

(11) 擬プラトン『テアゲス』一二八D五―七。

(12) この引用では、「相談にくる」としか言われていないが、ソクラテスの知人が「何かをしようとして」相談にくるということが、つぎの引用から分かる。ダイモニオンは、知人が「～しようとする」ことに生じる、と述べているのである。

(13) 擬プラトン『テアゲス』、一二八E一―二。

(14) さきに考察したクセノポン『ソクラテスの想い出』によると、ソクラテスに勧められて政治家になったと言われている。クセノポン『ソクラテスの想い出』第三巻第七章一参照。だが、皮肉なことに、彼が政治の世界で師事し、「三十人独裁政府」を樹立したクリティアスは、「青年たちを腐敗させる」というソクラテスへの訴状で書かれている「青年」のひとりとして真っ先に思い浮かべられる人物なのである。クセノポン、同書、第一巻第二章一二以降参照。

(15) 擬プラトン『テアゲス』一二八E八。

(16) ティマルコスという名前の人物については、つづく第六章で考察するプルタルコス『ソクラテスのダイモニオンについて』のなかでも出てくる。本書第六章一七〇頁以降参照。

(17) 擬プラトン『テアゲス』、一二九B五―C六。

(18) シケリア遠征とは、前四一五年―四一三年に、本書で後に出てくるアルキビアデスの提案によってアテナイ軍が派遣されたこと。それが惨敗であったことは、トゥキュディデス『歴史』第六、七巻を参照。そのさいに、ソクラテスがダイモニオンにもとづき反対したことは、プルタルコスの『ニキアス伝』一三‐九、『アルキビアデス伝』一七－五でも言及されている。

(19) エペソス遠征とは、前四〇九年の戦いのこと。クセノポン『ギリシア史』一－二を参照。サニオンという人物については、そこでは見いだされない。

(20) 擬プラトン『テアゲス』一二九Ｅ一―五、六―七。

(21) プラトン『テアイテトス』一五一Ａ一―五。

(22) 「交わる」の主語がソクラテスであって、友人たちはその対象であることが（ἐνίοις …… συνεῖναι）という表現から明らかである。

(23) 前節で考察したクセノポンにも、他人の行為に対するダイモニオンが語られていると解釈可能な個所がある。（北嶋美雪「『テアゲス』解説」『プラトン全集』第七巻、岩波書店、一九七五年、二三二頁）。だが、わたしは『テアイテトス』で言われているような間接的なものと理解する。むしろわたしは、そのクセノポンの証言をもとに、のちにこのような事例が作り出されていったのではないかと解釈する。

(24) Croisetによると、Dittmarがそのように主張している。*Platon Œuvres completes*, tome. 1, Budé, 1985, p. 49. 他方、強く真作であることを支持するものとしては以下を参照。Denyer, N., *Plato Alcibiades*, Cambridge, 2002, pp.11-26.

(25) 「彼の記憶を記述したすべてのひとたちのあいだで、悪徳においても美徳においても、彼をしのぐ者はいなかったという見方が確立している」といった、アルキビアデスに関する記述もある。ネポス『英雄伝』「アルキビアデス伝」一。

(26) ディオゲネス・ラエルティオス『ギリシア哲学者列伝』第二巻六一、一〇八、第六巻一八参照。

(27) 田中美知太郎「『アルキビアデスＩ』解説」『プラトン全集』第六巻、岩波書店、一九七五年、二〇九頁。

(28) トゥキュディデス『歴史』第六巻一五参照。その生涯についてはプルタルコス『英雄伝』「アルキビアデス伝」

が、物語としてではあろうが、詳しく興味深い。
(29)「青年たちを堕落させる」という罪状で言われている「青年」の、具体的なひとりとして、クリティアスとともに名があげられる。それらへの弁明は、クセノポン『ソクラテスの思い出』第一巻第二章二四を参照。
(30)（擬）プラトン『第一アルキビアデス』一二四C五―一〇（田中美知太郎訳『プラトン全集』第六巻、一九七五年）。
(31)同書、一〇三A一―B二。
(32)同書、一〇五B、一〇六C。
(33)同書、一〇五E六―一〇六A一。
(34)クセノポン『ソクラテスの想い出』第四巻第八章一‐四。
(35)『ゴルギアス』のなかでソクラテスは、アルキビアデスのきまぐれについて、「あのクレイニアスの子（アルキビアデス）はその時々で異なったことを口にするが、哲学の言うことはいつも同じである」（四八一B）といった言及をし、また、人々の政治家への対応が知に基づかない場合という前提で、「アルキビアデスを攻撃することになるだろう」（五一九A）と述べている。
(36)擬プラトン『テアゲス』一三〇A二―四。
(37)プラトン『メノン』九八A六。
(38)内山勝利『哲学の初源へ』世界思想社、二〇〇二年、二四七頁。
(39)『ソクラテス書簡集』第一書簡七‐三―六。
(40)『ソクラテス書簡集』第一書簡八‐九―九‐一九。
(41)トゥキュディデス『歴史』第四巻九三―一〇〇参照。
(42)プラトン『饗宴』二二一A参照。

(43) クセノポン『ソクラテスの想い出』第三巻五‐四参照。プラトン『饗宴』二一九E―二二一C、『ラケス』一八一B参照。また、歴史家トゥキュディデスの書『歴史』では、ソクラテスへの言及すらない。
(44) プルタルコス『ソクラテスのダイモニオンについて』五八一E。
(45) この点については、拙論「キケロの懐疑主義」『アルケー（関西哲学会年報）』二四号（二〇一六年）参照。
(46) キケロ『占いについて』第一巻五‐一―一二。
(47) 同書、第一巻三四参照。
(48) 同書、第一巻一二一‐一七。
(49) 同書、第一巻一二二‐一―四。
(50) 同書、第一巻一二三‐一―一二。
(51) クリトンは既出。ラケスはアテナイの将軍で、プラトンには『ラケス』という、勇気を主題にした対話篇がある。
(52) キケロ『占いについて』第一巻一二三‐一三―一五。
(53) ストア派のひとたちに関して言えば、クリュシッポスの断片にいくつかダイモーンへの言及があるが、ソクラテスのダイモニオンとの関連ではない。後のエピクテトスには、興味深いダイモーンへの言及が見られるが、それはまたの機会に論じたい。
(54) キケロ『トゥスクルム荘対談集』第五巻一〇‐一二―一一‐一（木村健治、岩谷智訳『キケロー選集』第一二巻、岩波書店、二〇〇二年）。
(55) 同書、第五巻一一‐一。
(56) キケロ『善と悪の究極について』第二巻二‐一三―六（永田康昭他訳『キケロー選集』第一〇巻、岩波書店、二〇〇〇年）。

(57) 本書第二章四〇頁以降参照。
(58) 本書補論二五〇―二五一頁参照。なお、本章で言う「はじめのロゴスの局面」は、当個所の（1）に、「あとのロゴスの局面」は（4）に該当する。
(59) クセノポン『ソクラテスの想い出』第一巻第一章四―三―六。
(60) 本書第四章八九頁以降参照。
(61)『ソクラテス書簡集』一―一〇―一一―三。
(62) プラトン『パイドロス』二四二C三―七。
(63) キケロ『占いについて』第一巻五―一一―二。

第六章　プルタルコスの回答
――『ソクラテスのダイモニオンについて』の考察

では、本書が考察の出発点とした、プルタルコス（後四六／四七―一二〇頃）の『ソクラテスのダイモニオンについて』を取り上げ、順を追いながら詳しくみていくことにしよう。この著作は、さきにも述べたが対話篇形式で書かれている。それぞれ特徴をもった登場人物が、それぞれの役割のもとでダイモニオンについて語る。そのなかで、ダイモニオンに関する議論は二回に分けてなされている。本章もそれにもとづき、ふたつに分けることにする。それらの考察を通じて、著者プルタルコスのダイモニオン理解が示されるであろう。

もっとも、プルタルコスの著作は膨大な量があり、他の著作でもダイモーンが議論されている。ソクラテスのダイモニオンがダイモーン伝説に由来していることはすでに述べた。ダイモーン伝説がプルタルコスにどのように受け止められていたかを明らかにし、ソクラテスのダイモニオンとの関連を見定めることは欠かせない。その点は章を改めて取り扱うことにする。

第一節　ダイモニオン議論の第一幕（九―一二節）

（一）合理主義者ガラクシドロスの問い

まず、プルタルコスが描く対話の場面をもういちど確認しておこう。時はソクラテスの死後二〇年、場所はテバイにあるソクラテスの直弟子シミアス邸、そこに集まっているのは、テバイを寡頭派から解放しようと企てている民主派のひとたちである。当初からその場に居合わせ、ダイモニオン議論に参加する人物をあらかじめ素描しておくと、理性の立場を重視するガラクシドロス、宗教家で予言者であるテオクリトス、おそらく当時の知識人を代表するのであろう年輩の人物ポリュムニス、および熱心な探求家ペイドラオス、以上となる。彼らは、その企ての瞬間がまさに間近となり、行為への決断が迫られている。きわめて切羽つまった状況に各人が立たされているのだ。そのようななか、自分の行為をダイモニオンによって決しようとしている人物のことが話題となった。ガラクシドロスはそういった態度に疑義を申し立てる。そして、ダイモニオンに関する話題はおのずとソクラテスと結び付けられ、一方でダイモニオンを行為の原理とし、他方でロゴスの重要性を説いたソクラテスに、問いが集中することになる。ガラクシドロスが最初に投げかけたのは以下の言葉である。

「哲学は善いものも有益なものもすべて議論（ロゴス）によって教えると公言しながら、行為の原理に関しては、議論をさげすむかのように神々に場を譲り、そして哲学が尊重されるゆえんであるところの論証さえもないがしろにし、神託や夢のお告げに屈服している」(1)。

ガラクシドロスの批判的とも見えるこの問いかけに対して、一番に反応を示したのは予言者（μάντις）テオクリトスであった(2)。彼はソクラテスの信奉者であり、またこの企てでは、事の吉凶を占うたいせつな役割を担っている。対話篇での役どころとしては、当時のひとびとから尊重されていた一般的な宗教家といったところであろう。ロゴスの側に立つガラクシドロスとは対比的である。そのテオクリトスは、ガラクシドロスの言葉を聞き捨てることができずに反論し、さらに「ソクラテスのダイモニオンは偽りなのでしょうか（τὸ δὲ δαιμόνιον τὸ Σωκράτους ψεῦδος）。それともわたしたちは何と言えばいいのでしょう(3)」と述べたあと、つぎのようにつづける。

「たとえばホメロスは、オデュッセウスのために知恵の女神アテナを『どんなに困難においても連れ添う』ようにしたのですが、ちょうどそれと同じように、ソクラテスには最初から（ἐξ ἀρχῆς）、人生を先導するもの（τοῦ βίου προποδηγὸν）として、ダイモニオンというある種の像（τινα ὄψιν）が結びつけられていたと思われています。ただそれだけが、不明白な事柄や、人間の理性では推論できない事柄において（ἐν πράγμασιν ἀδήλοις καὶ πρὸς ἀνθρωπίνην ἀσυλλογίστοις）、『彼の前を進み、光を授ける』のです。そういった事柄にさいして、ダイモニオンはソクラテスにしばしば声となって現われ（συνεφθέγγετο）、ソクラテスの選択に神の名を貸し与えました」(4)。

ホメロスの作品『オデュッセイア』や『イリアス』を引用し、神々の物語になぞらえながら、テオクリトスはソクラテスのダイモニオンを擁護する(5)。テオクリトスは、ダイモニオンがソクラテスにとって「最初から」のものであること、「生活を先導するもの」であること、さらには「不明白なもの」に関して、ある種の像として「声となって現われる」ものであること、これらを特徴として述べている。ダイモニオンのその在り方は、プラトンやクセノポンの「ソクラテス書」で語られたそれとほぼ同じであると言っていい。だがその一方、プルタルコスの著作はやはり後代のものである。それらにスタイルとして共通していた事例の提示が、このあとにつづけられるのである。

まず最初の事例は、テオクリトスによって語られるたいへん面白いものである。それはこうだ(6)。ソクラテスが、やはり予言者（μάντις）と呼ばれていたエウテュプロン(7)のもとにやってきていたとき、ある通りを友人たちと歩いていた。するとふとソクラテスは立ち止まり、自分にダイモニオンが生じたことを友人たちに告げた。そして、それに従って道を引き返したひとたちは無事に家へと帰りついたが、それに逆らって歩きつづけたひとたちは泥まみれのブタの群れに遭遇し、あるものは転倒し、あるものは体を汚すはめになった、というのである。予言者テオクリトスはこの話を語り終えるとつぎのように言う。

「このようにして、わたしたちはいつも笑いながら、また同時に、神的なもの（τὸ θεῖον）がソクラテスを見捨てず、放っておかないことに驚きながら、ソクラテスのダイモニオンのことを思い出すのです(8)」。

（二）天秤の比喩

宗教家であるテオクリトスは、ソクラテスにおける「神的なもの」を肯定的に受け取とめているのである。もっとも、このブタの事例は、テオクリトスが言うように、「笑いながら」に語られるものであろう。だがこのテオクリトスの話を聞いたあと、ガラクシドロスはみずからすすんで、「ソクラテスのダイモニオン」についての、ある種の合理的解釈を示そうとする。合理的解釈とわたしが言うのは、「ロゴスに従う」こととの両立という意味においてである。それは以下の「天秤の比喩」で語られる。

「たとえば一ドラクマ硬貨の重さそれだけでは、天秤を動かすことはありませんが、重さが均衡しているところにそれが加えられると、その全体を自分のほうへと傾けます。それと同じように、くしゃみや辻占（πταρμὸς ἢ κληδὼν）、あるいはこの種の合図（τι τοιοῦτον σύμβολον）は、小さくて軽いものであるばかりに、重厚な理性を行為へと引っ張ることはできないのですが、ふたつの相反する理性の判断（ἐναντίων λογισμῶν）の一方に加担することで、均衡が壊され、行き詰まりを解消し、その結果、運動や衝動を引き起こすのです(9)」。

いくつかの説明が必要であろう。まず「くしゃみや辻占」とは、これまで言われていた「鳥の声」や「行きずりのひとの声」と同じように、当時ふつうに占いに用いられたものである。また、クセノポンがダイモニオンの声をそれらと同列に扱ったのと同じで、「この種の合図」とは、そこにダイモニオンも含んでの発言なのである。そしてここでは、ダイモニオンが「一ドラクマ硬貨」に、理性による判断（ロギスモス）の拮抗した状態が「つりあった天秤」にたとえられているのである。重要なのは、ダイモニオンは無条件に生じるものではなく、理性が働いている現場に生じる、ということである。つまり、このガラクシドロスの発言は、さきのプラトンの考察のさいにも見られたように、ダイモニオンが生じる前に理性の働きを置くことによって、「ダイモニオンに従う」ことと「ロゴスに従う」ことの両立を認めようとするものなのだ。ソクラテスの行為は、けっして全面的にダイモニオンに依存したものではない、そうガラクシドロスは言うのである。本書の第二章、および第五章の考察で用いた言葉で言うと、「はじめのロゴスの局面」がきちんと成立しているのである。

(三) ダイモニオン＝くしゃみ説

しかしながら、このガラクシドロスの合理的解釈は、その方向でさらに議論されることはなく、その話のなかで語られた「くしゃみ(πταρμός)」の部分が注目を浴びることになる。ガラクシドロスの「くしゃみ」への言及に触発され、彼の話をさえぎって、「わたし自身もまた」と語りだしたのは、年輩の人物ポリュムニスである。

「ガラクシドロス、それだけではなく、わたし自身もまた、メガラ派のある人物から聞いたことがあるのだ。そのひとはテルプシオンから聞いたそうなのだが、ソクラテスのダイモニオンは、じつはくしゃみだ(τὸ Σωκράτους δαιμόνιον πταρμὸς ἦν)というのである。しかもそれは自分のくしゃみの場合もあり、他人のくしゃみの場合もある。つまり、他人が、前であれ後ろであれ、右側でくしゃみをしたときには、ソクラテスを行為へと突き動かし、左側の場合はさしひかえさせる(ἀποτρέπεσθαι)。また、自分がくしゃみをしたときには、これからしようとしていることを保障する(μέλλοντος βεβαιοῦν)が、すでに行なっていることを思いとどまらせ、その衝動を妨げるのだ(ἐπέχειν καὶ κωλύειν τὴν ὁρμήν)[10]」。

ポリュムニスがメガラ派の人物から、またその人物はソクラテスの弟子のひとりテルプシオンから聞いた話として、この「ダイモニオン＝くしゃみ説」は紹介される。テルプシオンは、プラトン『パイドン』によるとソクラテスの死に立ち会ったひとりである(11)。おそらくこの二重の伝聞という設定には、何かしら著者プルタルコスの意図はあるのであろう。ここで言われている「さしひかえさせる」「保証する」「思いとどまらせる」といったダイモニオンの関与の仕方は、これまでに見てきたものと重なる。だがそれにしても、いささか驚かされる内容かもしれない。もっとも、くしゃみというものは当時、ある種、神的なものとみなされていたようであり、アリストテレスは『動物誌』のなかで「くしゃみは息が一度に出ることであり、息のなかではただひとつ予兆となる神聖なしるし（σημεῖον οἰωνιστικὸν καὶ ἱερὸν）である(12)」と述べている。そうだとすると、ここでのポリュムニスの発言は、出所は定かではないものの当時ふつうに流布していた見解とみなすこともできるであろう。しかしいったい、「ダイモニオンがくしゃみである」というのはどういうことであろうか。発言主のポリュムニス自身が、この「ダイモニオン＝くしゃみ説」に対して、つぎのような疑念を述べている。

「しかしながら、もしソクラテスがくしゃみを用いていながら、仲間たちには、行為を妨げたり命じたりするのはくしゃみではなくてダイモニオンであると言っていたのであれば、それは驚くべきことだとわたしには思われる。なぜなら、友よ、そういったことは、ある種の空言、虚言、法螺話に属することであって、わたしたちがソクラテスを大衆よりもすぐれた本当に偉大な人物であると考えるゆえんの、真理や率直さに属することではないからだ。外部からの声やくしゃみのようなものによって、時ならずも騒ぎ立てられて、行為から退いたり、すでに決定していることを促進させたりするのであるなら(13)」。

つまり、ガラクシドロスと同じように、年輩の人物ポリュムニスもまた、ソクラテスの真理に向かおうとする真摯な態度をほめたたえ、そのようなソクラテスのすがたとダイモニオンに依存するすがた、さらには、ダイモニオンをくしゃみとすることとは相容れないのではないか、と疑問を呈するである。ポリュムニスはつづけて、ソクラテスは正しく堅固な判断や原理にもとづいて行動したこと、また、何事に対しても動じることのないきわめて強い力を持っていたこと、そして、生涯にわたってその態度を変えなかったことを語り、さきに第二章で引用した発言にいたったのである。すなわち、処刑という死を目前にして、死の恐れに対してとったソクラテスの振る舞いを以下のように称賛したのだ。

「ソクラテスは恐れに対しては、揺らぐことのない理性の判断（ロギスモス）を用いて対抗したのだ。ソクラテスは、辻占やくしゃみによってその時々に考えを変えるような人物ではない。むしろ、もっと偉大な指揮者や原理によってすぐれたことへと導かれる人物なのである(14)」。

ここで言われている「もっと偉大な指揮者や原理」とは、まさしくロゴスにほかならない。このように、ポリュムニスは、ソクラテスが「ロゴスのひと」であったことを強く支持する。しかしながら、一方でソクラテスがダイモニオンに従って行為した事例を、ひとから聞いた話としてポリュムニスは挙げる。そのなかには、さきの『ソクラテス書簡集』やキケロ『占いについて』でも語られていた「デリオンの一件」も含まれる。(15) つまり、ソクラテスが示すふたつの立場のあいだで、ポリュムニス自身が揺れ動くのである。そこで彼は、この場にいて、なおかつソクラテスとじっさいに交際のあった直弟子シミアスに、伝聞ではないかたちで、シミアス自身の経験を語るように願い出たのである。

するとその議論に参加していた別の人物ペイドラオスが、ポリュムニスたちの話に怒りを覚え、シミアスが話し始める前に、つぎのように語り、会話に割って入った。ペイドラオスという人物については、他の著作などには登場しないが、ソクラテスを信奉する熱心な探求家として、著者プルタルコスは描いている。ペイドラオスにとっては、ガラクシドロスの話も、また年輩の人物ポリュムニスの話もともに、ソクラテスを侮辱する同系列のものと理解されたのである。

「シミアス、予言術のこの種の働きをくしゃみや辻占へとおとしめてふざけているガラクシドロスを、わたしたちは放っておいたものでしょうか。くしゃみや辻占を、大衆や素人は、ささいなことでふざけながら利用しているのですが、より重大な危機やもっと大切な出来事に直面した場合には、エウリピデスの言葉のように、「誰ひとりとして、鉄製の武器の近くでそのような愚行を犯さない」ということになるのではないでしょうか[16]」。

さきにガラクシドロスはダイモニオンについて語るときに「くしゃみ」に言及し、ポリュムニスはそれを受けて、「ダイモニオン＝くしゃみ説」を伝聞としてではあるが語った。彼らの話を聞いていたペイドラオスは、もちろん、そういったものが占いに用いられていたことは承知していたものの、ソクラテスのダイモニオンは、くしゃみや辻占のようなささいな事柄ではないはずだ、と反論したのである。

この反論を受けて、ガラクシドロスは、ペイドラオスに答えるとともに、自分の合理的解釈の途中で割り込んできたポリュムニスに対しても、ポリュムニスの提示した、くしゃみをダイモニオンと名づけるようなことは、「ある種の空言、虚言、法螺話に属することではないか」という批判に答える。

(四) 技術のアナロジー

まず、「ダイモニオンはくしゃみのようにささいなことではない」というペイドラオスの反論に対して、ガラクシドロスは「技術のアナロジー」を用いて答える。つまり、医術においては、動悸や膿疱といったささいなことから、重大な病状が告げられることがある。また、航海術においては、洋上の鳥の鳴き声や薄い筋雲の流れる様子が、嵐や海が荒れるしるしとみなされることがある。これらにたとえながら、ガラクシドロスはつぎのように言う。

「予言術に熟練しているひとの魂にとって、くしゃみや辻占はそれら自体ではたいしたことではありませんが、何か大きなことが起きるしるしかもしれないのです。なぜなら、ささいなことのなかに大きなことが、僅かなことによって多くのことが、予兆として告げられるのであって、予言術に熟練しているひとの魂にとって、くしゃみや空耳はそれら自体ではたいしたことではありませんが、何か大きなことが起きるしるしかもしれないのです(17)」。

つづいて、ポリュムニスに対しては以下のように答える。

「あなた（ポリュムニス）は、ソクラテスが何より謙虚さと素朴さによって哲学を人間にもたらした人物でありながら、そのしるしを「くしゃみ」や「辻占」とは言わずに、まるで悲劇の創作のように「ダイモニオン」と名づけていることに驚いています。でもこのわたしは、それと反対に、もしソクラテスのような、対話や言葉使いにきわめて卓越した人物が、「ダイモニオンがくしゃみによってしるしを与える」とではなく、「くしゃみがしるしを与える」と言ったならば、驚いたことでしょう。それはちょうど、「弓矢を射ったひとによってではなくて、弓矢によって傷つけられた」、あるいはまた、「秤を用いて重さを測るひとによってではなくて、秤によって測られた」と言うようなものです。つまり、仕事は道具によってなされるのではなくて、その道具を仕事のために用いるひとによってなされるのです。そして、しるしとはある種の道具であり、それを用いて何かを指し示すものなのです[18]」。

これらのように語るガラクシドロスは、さきの「天秤の比喩」もそうであるが、きわめて理性的な人間である。あるいは、著者プルタルコスはガラクシドロスをそのように描いている。「しるしとはある種の道具であり、それを用いて何かを指し示すものである」という、ガラクシドロスの発言は、ダイモニオンを「ある種の声」とみなすにしても、あるいは、もしかりに「くしゃみ」とみなすにしても、ダイモニオンの本質をとらえたものであると言えるだろう。それは道具にすぎず、技術を有するひとに正しく使用されることによって、道具としての働きを十分に発揮することになるのである。それこそまさしく理性（ロゴス）の役割である。このロゴスの仕事は、本書の考察で述べた「あとのロゴスの局面」と考えていいだろう。ダイモニオンをきっかけとして、ロゴスによる考察が始まるのである。「ガラクシドロスの問い」は、けっしてソクラテスをおとしめようとしたものではなく、むしろ理性のひとガラクシドロスが、ソクラテスの「ロゴスの立場」を擁護しようとして発せられたものであることが、これらのやり取りからはっきりと見て取れるのである。

さて、プルタルコス『ソクラテスのダイモニオンについて』の話の流れは、ここでいったん方向を転じる。というのは、イタリアからの客人が到着し、彼の語り始めたことへと話題は移っていってしまったからである。この客人は、やがてダイモニオン議論の第二幕で、ピュタゴラス派を代表し、ダイモニオンに関する自身の見解を述べることになる。だがここでひとまず、第一幕の終わりを区切りとし、ここまでの議論を振り返ることにしよう。

前章までの考察で、ソクラテスのダイモニオンはソクラテスの記憶をとどめることを目的に書かれた「ソクラテス書」においても、また、その後それを擬して書かれた「擬ソクラテス書」においても、多様な受け止められ方がされていたことが明らかとなった。とりわけ、後代のものにはそれが顕著にみられた。それらを考慮しても、このプルタルコスの『ソクラテスのダイモニオンについて』で語られている内容は、そのいっそうの脚色ぶりに驚かされることであろう。

なるほど、ダイモニオンがソクラテスの行為のみならず、周辺のひとたちの行為にまで及ぶという点は、後代の著作と共通するものである。だが、『ソクラテスのダイモニオンについて』には、あらたな要素がいくつか加わっている。まず、ダイモニオンは、挙げられている事例が示すように、「笑いながら」でも語られることであって、プラトンやクセノポンが、師の処刑が決する場面でソクラテスに語らせたような深刻さはない。さらに、ダイモニオンのしるしが「くしゃみ」といった、ある種、誰にでも感知できるようなことを通じて送られるという点も、ソクラテス以外の「誰にも現われたことはない」[19]と言われていたあり方とは大きく異なる。また、そのくしゃみが左右という点で吉凶が判断される点などは、当時の右側を吉とみなす占い観などが入り混じっているのであろう。[20]まさにダイモニオンは混沌とした状況にある。けれどもそのように、ダイモニオンについて語られている事柄をそれぞれ単独で見てみると、その多様さに目を奪われがちであるが、プルタルコスの議論の流れにそくして見ると、ひとつの方向性が示されているように思われる。つまり、ガラクシドロスの問いを出発点として、彼の「天秤の比喩」を用いた合理的解釈が示され、さらに「技術のアナロジー」による「道具としてのダイモニオン」という解釈をへて、徐々に整理されつつある。すなわち、ダイモニオンはロゴス（理性）の方向へ向かいつつあるのである。

第二節　ダイモニオン議論の第二幕（二一〇―二一四節）

（一）直弟子シミアスによるダイモニオン解釈

では、『ソクラテスのダイモニオンについて』のなかでの、ダイモニオン議論の第二幕を追うことにしよう。いよいよソクラテスの直弟子シミアスの登場である。シミアスは、序章で述べたとおり、プラトンの対話篇『パイドン』の登場人物のひとりである。要は、じっさいにソクラテスと交流のあった人物から、ソクラテスのダイモニオンとは何であるか、ソクラテスはそれについて何と語っていたのか、これらを議論に参加していたひとたちは聞き出そうとするのである。しかしながら、シミアスは、ソクラテスに尋ねたもののソクラテス自身から直接答えを聞くことはなかった、とまず最初に告白する。それゆえ、これからさきに述べられることは、シミアス自身のダイモニオン解釈となる。

シミアスは、「ソクラテスはしばしば、視覚像を通じて神のようなものに出会ったと主張するひとたちについては、それを法螺話とみなしつつも、何らかの声を聞いたと主張するひとたちには注意を向けて、熱心に問い尋ねた[21]」という自分の経験をもとに、あるひとつの推測を口にする。

「ソクラテスのダイモニオンは視覚像ではなく、何らかの声の知覚、あるいは、ある種、不思議な仕方でソクラテスに触れる言葉の知性的把握ではないだろうか（φωνῆς τινος αἴσθησις ἢ λόγου νόησις εἴη συνάπτοντος ἀτόπῳ τινὶ τρόπῳ πρὸς αὐτόν）、それはちょうど、眠っているあいだ、じっさいには声などないのに、何らかの言葉の表象や知性的観念を得て（λόγων δέ τινων δόξας καὶ νοήσεις λαμβάνοντες）、発せられた声を聞いていると思うようなものではないか、という推測が浮かんだ[22]」。

シミアスもまた、ダイモニオンは「何らかの声（φωνῆς τινος）」ではないかと言う。これまでの考察で何度も見てきたとおりである。だが、それをシミアスはここで「あるいは、ある種、不思議な仕方でソクラテスに触れる言葉（ロゴス）の知性的把握でないか」とも言うのである。それはいったいどのようなことなのか。シミアスはつづけて、それを受け取るソクラテスの魂の状態と関係させながら、つぎのように説明する。

「ソクラテスの場合、知性は清らかで情念から解き放たれており（ὁ νοῦς καθαρὸς ὢν καὶ ἀπαθής）、不可避的なものによる身体との結びつきもほとんどないため、敏感で繊細な状態にあって、訪れてきたものにするどく反応したのである。その訪れてくるものは、発せられた声ではなく、ダイモーンの声をともなわない言葉（λόγον ἄν τις εἰκάσειε δαίμονος ἄνευ φωνῆς）であり、それが、示し伝えられている内容を知性に触れさせる、このように考えられるかもしれない」[23]。

まず、さきに言われていた「不思議な仕方でソクラテスに触れる」のは、受け取るソクラテスの知性が「清らかで情念から解き放たれている」という特別なあり方をしているからである。シミアスは、そのようなソクラテスの知性のあり方と対比的に、「感情の騒がしさや願望のゆがみによって窒息状態にあるひとたちは、示し伝えられている内容を聞くことも、それに心を向けることもできない」[24]と言う。このような説明は、前章に見た、キケロ『占いについて』のそれときわめて類似している。そこでは、「純粋で敬虔な魂（castus animus purusque）」[25]を持つソクラテスだからこそ、ダイモニオンを受け取ることができる、と言われていた。送り手側の「ダイモーンの声」の方は、「声をともなわない言葉（ロゴス）」という独自なあり方で、あらゆるひとに向けられている。ただ、多くのひとはそれを感知できないのである。シミアスは、それができる特別な知性のありかたを、さらに以下のように説明する。

「わたしが思うに、その知性は、よりすぐれた知性やより神的な魂によって導かれていると考えても、信じられなくはないだろう。それは、ちょうど光の反射のように、理性（ロゴス）が理性に対して本来、関係するような接触の仕方で（ἣν πέφυκεν ἐπαφὴν λόγος ἴσχειν πρὸς λόγον）、身体の外でその言葉に触れるのである。というのは、現にわたしたちは互いの知性の働きを、声を頼りに探り当てて認識するのであるが、それはまるで暗闇にいるかのようだ。それに対して、ダイモーンの知性は（αἱ δὲ τῶν δαιμόνων νοήσεις）光り輝き、ダイモーンとともにあるひとたちにその光を向けている。ダイモーンの知性は、動詞も名詞も必要としない。人間はそれらをしるしとして用いて、知性的対象の影像や似像を見るのであるが、知性的対象それ自体を認識することは、すでに言われているように、ある特殊なダイモーンの光に照らされている人間以外にはありえないのだ(26)」。

つまり、すぐれた知性がダイモニオンを受け取るとは、「理性（ロゴス）が理性に本来的に関わる」ような関係であると言うのである。受け取る側の「よりすぐれた知性やより神的な魂によって導かれている知性」とは、純化した魂であって、身体の影響を完全に逃れている魂のことである。さきの引用ではその点が強調され、「身体の外で触れる」とまで言われている。それは、すこし先取りして言うと、魂のうちの「理性的部分（ロギスティコン）」である。そしてもう一方、そのような魂に受け取られる「ダイモーンの声」も、やはりロゴスなのである。シミアスはそれをここで明確に語る。

「ダイモーンの言葉（οἱ τῶν δαιμόνων λόγοι）は、すべての人にもたらされているのだが、その余韻が残るのは、穏やかな性格と静かな魂を持つひとたちだけなのだ（μόνοις ἐνηχοῦσι τοῖς ἀθόρυβον <τὸ> ἦθος καὶ νήνεμον ἔχουσι τὴν ψυχήν）。わたしたちは、まさにそのようなひとたちを、聖なる人間、ダイモーン的な人間（ἱεροὺς καὶ δαιμονίους ἀνθρώπους）と呼ぶのである」[27]。

このようにして、ダイモニオンとそれを受け取る魂は、「ロゴスとロゴスの関係」として位置づけられるのである。特別な魂をもったソクラテスは、その魂の理性（ロゴス）によって、神的存在であるダイモーンの言葉（ロゴス）を受け取ることができた。このシミアスの説明では、人間の「ロゴスに従う」ことと、「ダイモニオンに従う」こととは、まったく同じであると言っていいだろう。もちろん、このことがどういう事態であるのか、さらに考察しなければならないが、シミアスはこれらを語り終えた最後に、「ダイモニオン＝くしゃみ説」について疑義を申し立てたペイドラオスに対してつぎのように言う。

「ペイドラオスよ、ソクラテスが生きているときも、死んでしまったいまも、ダイモニオンについてわたしたちは以上のように考えている。そして、辻占やくしゃみ、あるいは何かそういったたぐいのものに取り違えている者たちを軽蔑するのだ[28]」。

(二) 直弟子シミアスが語るティマルコスの物語

さて、ソクラテスの弟子シミアス自身のダイモニオン解釈は、ここまでである。だがシミアスはこれにつづけて、「たしかに厳密ではないとしても、物語のようなものもまた、何らかの仕方で真実に触れているから[29]」という、予言者テオクリトスの後押しを受けて、ある「物語・神話(ミュートス)」を話し始める。それは、カイロネイア出身のティマルコスという人物から、シミアスがまだ若いころに聞いた話であるという。その内容は、「ソクラテスのダイモニオンがどのような力を持っているのか熱心に知りたがっていた[30]」ティマルコスが、トロポニオスの洞窟[31]にある神託所に出かけて行き、そこで体験したことであり、ティマルコスの魂が彼の身体から離脱し、この世を離れてあの世をさまよったあと、ふたたび身体に戻った、その間に見られた光景である。議論のあとに物語を語る手法は、プラトンにいくどとなく見られたものと同じであるし、また、ここでのシミアスとティマルコスとの設定は、プラトン『国家』第十巻「エルの神話」の、ソクラテスと兵士エルとの関係とほぼ同じである。

ティマルコスの物語によると、彼の魂は、身体から離脱したあと、守護者であるダイモーンに導かれ、同様の状況にある多くの魂に遭遇した。そのさいに、それらの魂がじつはダイモーンであること、さらに、「すべての魂は知性を分け持っており（ψυχὴ πᾶσα νοῦ μετέσχεν）、けっして非理性的なものでもなければ、非知性的なものでもない。そうではなく、魂が肉体や感情に混入されるかぎりにおいて変化を蒙り、快苦に支配され非理性的なものへと転じる[32]」という真理を聞かされた。そして、わたしたちが魂は人間のうちに内在していると考えるのは、じつは正しいことではなく、「知性を分け持つ部分」は、身体の外で、ちょうどブイが海面に浮かんでいるような状態で、身体に接していると教えられた。まさしくその部分こそがダイモーンに他ならないことを、彼を導くダイモーンから、つぎのように説明されたのである。

「たしかに、身体の表面の内側に運ばれた部分が、魂と呼ばれている。だが、消滅を免れている部分（τὸ δὲ φθορᾶς λειφθὲν）を多くのひとたちは「知性」と呼び（νοῦν καλοῦντες）、自分たち自身の内部に存在すると考えているのだ（ἐντὸς εἶναι νομίζουσιν αὐτῶν）。それはまるで、反射によって鏡に映っている像を、鏡のなかにあると考えるようなものである。しかしながら、正しく知性のもとで理解しているひとたちは、それを外部に存在するダイモーン（ἐκτὸς ὄντα δαίμονα）と呼んでいる[33]」。

カイロネイアのティマルコスなる人物によって語られたとされるこの物語は、先のシミアスの主張の延長線上にあり、それを補うものであろう。ここで新たにつけ加えられているのは、「知性」が魂のなかの「消滅を免れている部分」であるという点である。それはさらに、「魂の支配的・指導的部分（τῆς ψυχῆς ὑπὸ τοῦ κρατοῦντος καὶ ἄρχοντος）」とも呼ばれ、それ以外の「非理性的部分（τῷ ἀλόγῳ τῆς ψυχῆς）」とはっきりと区別される。[34] つまり「理性的部分（ロギスティコン）」なのである。そしてその部分こそがダイモーンであって、さきほどの説明と同様にこの物語でも、「身体の外部に存在する」と言われている。

ところで、ティマルコスは、以上の物語を若きシミアスに述べたあと、彼の魂があの世で受けた予言通りに、三カ月たって死んだとされる。そして、まだそのころ生きていたソクラテスは、その死をおおいに悔やんだそうだ。その理由は、ぜひティマルコスと直接に対話し、いまの物語を彼自身の口から聞きたかったからだと言う。つまり、著者プルタルコスの設定としては、ティマルコスが語るこのダイモーンの物語は、あくまでも「ソクラテスのダイモニオン」を説明するためのものだ、ということであろう。

さて、このティマルコスの物語については、じつはこれこそ著者であるプルタルコス自身の考え方ではないかと推測されてもいる。その出身地とされるカイロネイアがプルタルコスと同じであること、名前の発音も似ていることから、そのように解釈されるのである。[35] もっとも、本書では、すでにティマルコスという名前の人物に言及している。第五章で擬『テアゲス』を考察したときに、ソクラテスのダイモニオンに背いて死罪に処せられたのがティマルコスであった。論者によっては、むしろプルタルコスの名づけの由来を、その擬『テアゲス』の人物に見る者もいるようであるが、[36] それぞれのティマルコスにゆだねられている役割があまりに異なり、わたしとしては受け入れがたいように思う。

ともかく、語られている内容を検討してみよう。魂の理性的部分が「身体の外にある」というのがもし比喩的な表現であるとみなすならば、第三章でプラトン『ティマイオス』を考察したときに見いだされた、「魂のうちに、その一部分として内在するダイモーン」という考え方ときわめて似ている。『ティマイオス』では、ダイモーンは、それぞれの人間を守護するものであると同時に、そのダイモーンが人間の魂のなかにもその「最も支配的部分（τὸ κυριώτατον）」「神的部分（τὸ θεῖον）」として与えられている、と説明されていたのである。[37] そのような考え方は、プラトン以前には見いだされなかった。そして、プルタルコスがプラトンの著作から影響を受けていることは、言うまでもない。じっさい、プルタルコスは『『ティマイオス』における魂の生成について』という著作を残しているし、『プラトン哲学に関する諸問題』として伝えられる研究ノートのなかにも、『ティマイオス』への言及はたくさん見られる。また、その他多くの著作でもそうである。プルタルコスは、『ティマイオス』をじつに詳細に研究していたのだ。「物語」を用いるというのも、『ティマイオス』で採られた手法である。

すると、どうであろう。もしティマルコスが、著者プルタルコスによる自分をモデルにした創作であるとするなら、『ソクラテスのダイモニオンについて』のなかでのダイモニオンをめぐる議論の流れは、たいへんうまくその到着点へとたどり着いたのではないか。出発点となったガラクシドロスの問いは、おそらくプルタルコス自身の問いでもあったはずだ。プルタルコスは第一幕では、何人かの人物に、ときには伝聞形式も交えて、さまざまなダイモニオンを語らせた。くしゃみ説を含めて、それらはプルタルコスの時代に語られていたさまざまな「ダイモニオン伝説」だったのではないか。そして、ガラクシドロスの解釈を通じてそれらを整理し、そのうえで、第二幕で直弟子シミアスを登場させたのである。そこでのシミアス自身の解釈からティマルコスの物語への流れは一連のものである。きっと、プルタルコスはダイモニオンに関する自分の見解を、一部は議論によって、一部は物語によって明らかにしたのであろう。しかもそこには、プラトンの語った「ダイモーン伝説」が源流としてある。プルタルコスは、ソクラテスのダイモニオンをダイモーン伝説と関連させながら、ロゴスという到着点へと導いたのである。

こうして、ダイモーンを魂の理性的部分とみなすことによって、「ガラクシドロスの問い」に対する回答は明確に与えられている。すなわち、「ダイモニオンに従う」ことと「ロゴスに従う」こととは、ソクラテスのなかでは完全な仕方で一致するのである。ソクラテスは、ダイモニオンの声に従いながら、同時にみずからのロゴスに従い、そのつどの行為をしていたのである。

(三) イタリアからの客人テアノルの説明

では、もう一度『ソクラテスのダイモニオンについて』のつづきに話を戻そう。というのは、ダイモニオンをめぐる議論の第二幕は、ティマルコスの物語で終わったわけではないからである。そのあとに語ったのは、先にダイモニオン議論の第一幕を終わらせるきっかけをつくった、イタリアからの客人テアノルである。彼は、「あなた自身が考えていることを述べるがいい[38]」というシミアスの言葉を受けて話し始める。そして、「ティマルコスの言葉は、神聖で不可侵なものとして神に捧げられるべきです[39]」と述べ、ティマルコスの物語を尊重しながらも、ダイモニオンについてのみずからの見解を述べるのである。客人の説明は、神と人間とダイモーンの関係を整理し、そのダイモーンが何であるかについても、明確なひとつの答えを与えている。

　客人テアノルはまず、神は人間を愛するものであるという前提のうえで、神の人間への関与の仕方についてつぎのように語る。

> 「馬を愛する人間は、それと同じ種族のすべてに同じような配慮をするのではありません。そうではなく、いつも最善のものを選び出して自分で区別をしてから、その馬に特別な訓練や養育をし、それを特別に大切にします。わたしたちを超えた存在者もまた、まるで家畜の群れから選び出すように、わたしたちのなかでもっともすぐれたひとたちに刻印を与えてから、ある種の特別で付加的な教育をすべきだと考えるのです。けっして手綱や鞭によって操るのではなく、合図を通じて言葉で（λόγῳ διὰ συμβόλων）指揮するのです[40]」。

つまり、神が人間の生にかかわるのは、選ばれたわずかなひとたちに対してだけであると客人テアノルは言う。しかも、直接的に関与するのはまれであって、「多くのひとにはしるしが与えられる」(41)のである。その領域にこそ、ダイモーンの役割が位置づけられる。そして客人は、つづいて、そもそもダイモーンとは何かについて、ヘシオドスの名前を挙げながら、つぎのように言う。

「生成から解放され、まるで完全に自由に放免されているかのように、今後、身体に煩わされることのない魂たちが、ヘシオドスによると、人間の保護者（ἀνθρώπων ἐπιμελεῖς）であるダイモーンなのです(42)」。

第三章で確認したことであるが、ヘシオドスは、「金の種族」が後にゼウスによって「人間の守護者（φύλαξ ἀνθρώπων）」としてのダイモーンにされたと語っていた(43)。その「金の種族」とは「神々と異なることなく暮らしていた(44)」人間のことである。それをもとにしながらも、客人テアノルはもっとひろく、「生成から解放された魂」を、ここではダイモーンとみなしているのである。その魂は、多くのひとたちの魂が、「さまざまな出来事に浮き沈みさせられ、多くの身体を、まるで乗り物のように取り替えている(45)」という仕方で、いわば輪廻転生を繰り返すのに対して、永遠にダイモーンとして生きつづけるのである。それは、「人生の競争をすでに終えて、魂の徳ゆえにダイモーンになったもの（ἀρετὴν ψυχῆς γενόμενοι δαίμονες）(46)」とも言われる。いくつかの転生をへたなかで、この世での努力、正しい生き方が認められ、そういった状態になったのである。そのようなダイモーンは、自分と同じように、生成から解放されることを願ってこの世で「徳へ向かって」努力するひとの守護者となる。客人テアノルは言う、「ダイモーンはたまたま出会ったひとの味方をしているのではない[47]」のである。そして、ダイモーンにそういった命令を下しているのが、神である。神、ダイモーン、人間の魂が、このような関係にきちんと整理され、それぞれが位置付けられる。それを客人はつぎのように述べ、それとともにダイモニオンについての議論はすべて終わる。

「神（θεός）は、その魂に固有のダイモーンが、その魂を助けようとするのをとがめず、それどころか力を尽くすよう仕向けます。そう命じられたダイモーンは、それぞれの魂を救い出すためにそれぞれ力を尽くすのです。近づいてそれを聞きいれる魂は救い出されますが、言うことを聞かない魂は、ダイモーンに見捨てられ、不幸な結末となるのです[48]」。

ところで、プルタルコスの著作として見た場合、時として、この客人の語る議論は不要なものとみなされる[49]。しかしそうであろうか。たしかに、新しいことは語られていないかもしれない。だが、いくつかの可能性が考えられるだろう。まずひとつは、客人がイタリアから来ているということ、しかも「ピュタゴラスのすぐれた教義をすぐれた実践によって確かなものとし、いまもここに、イタリアからの長い道のりをへてやってきた[50]」と紹介されていることをふまえると、客人テアノルの語ったダイモニオンは、ピュタゴラス派の主張として、プルタルコスによって位置付けられているのかもしれ

ない。魂の転生といった考え方や、「神による選択」といった秘教的な言葉もそれを裏付けるであろう。(51)

あるいは、ひょっとすると、この客人が語ったダイモニオン議論は、ソクラテス個人のそれを離れて、もっと一般的なダイモーン伝説として語られたものかもしれない。というのも、ソクラテスのダイモニオンを説明するためには、直弟子シミアスがみずから述べた解釈と、そのあとに語られたティマルコスの物語で、もはや十分であったように思われるからである。じっさいに、この客人テアノルの話のなかで、ソクラテスの名前は一度として出てこないのである。そうすると、客人の言葉はむしろ、その内容からしても、この世で生きるあらゆる人間に向かって語られているのではないだろうか。一言でいえば、それは「徳への勧め」である。ダイモーン伝説がそのようなものとして語られていたことは、すでに第三章の考察で明らかにした通りである。

そして、最後にひとこと加えると、ダイモニオン議論の第二幕では、ガラクシドロスはまったく口をはさんでいない。なぜなら、もはやその必要がなかったからである。ガラクシドロスの役割は、第一幕の議論をロゴスの方向へ導いていくことで終わっていたのであろう。繰り返しとなるが、ダイモニオンに従うことは、みずからの魂にあるロゴスに従うことと同じなのである。この第一幕において、「ガラクシドロスの問い」は、十分なかたちで答えられたことになる。

（四）ロゴスとしてのダイモニオン

さて、『ソクラテスのダイモニオンについて』における議論を以上のように理解すると、ある種、たいへんきれいなかたちで、「ダイモニオンに従う」ことと「ロゴスに従う」ことが、ひとつのこととして説明される。けれども、それらが同じとはどういう事態を意味するのであろう。最後にこのことについて考えてみたい。

そもそも、両者の一致というプルタルコスの説明は、ひょっとすると極端な一元化に行き着くことになるかもしれない。それにはふたつの可能性が考えられる。ひとつは、ロゴスへの一元化である。つまり、ロゴスの側面から見ると、じつは「ダイモニオンに従う」というのは、人間の内なる声に従うこと、つまり、近年の解釈を頼りにするなら、「良心」に従うことなのだと、その外的な要因を消してしまうこともできるであろう。[52] また逆に、もうひとつの可能性として、ダイモニオンの側面から見ると、人間のロゴスの営みは、本来的には神の命じていることなのだと、あくまでも外部の存在を主として解釈することもできるであろう。[53]

この点についてまず言えることは、すくなくとも古代において前者のような解釈は成立しない。デルポイの神官でもあったプルタルコスが、そういったことを主張したと考えるのは現実的ではない。またソクラテスの時代に引き戻して考えてみても、神の存在を疑問視したり、否定したりすることのほうが、むしろ稀有なこと、いやそれどころか、ソクラテスがそうであったように、罪なこととみなされた時代なのである。そうだとすると、後者のようなかたちでの一元化が語られているのであろうか。プルタルコスは、ダイモーンが「身体の外部にある」と繰り返し述べていた。その表現は比喩的なものではなく、結局のところ人間の行為は外部のものによって決定されるのであろうか。

けれども、わたしが思うには、そのような一元化を考える必要はないのではないか。きっと、ソクラテスには、ロゴスによって行為しているという自覚と、ダイモニオンの声の知らせがともに成立していたにちがいない。それは「ソクラテス書」が伝える通りである。しかしながら、それらふたつのあいだに内容的な対立はなかったのではないかとわたしは考える。そうでなければ、それらふたつが同じという説明は可能とならない。ダイモニオンの声とロゴスによる判断は、ソクラテスのひとつの行為の局面を切り取って考察した場合に、それぞれ別の原理として立ち現われてくるのであるが、全体として見た場合、ソクラテスの行為を決定するのは、「神の声」であり、同時に「ロゴスによる判断」であったのである。いやむしろ、ソクラテスにとってはそれらを区別することの方が、むずかしいことだったのかもしれない。そうであるからこそ、ソクラテスはダイモニオンについて、わたしたちには謎とも思える、あまりに無頓着な態度を取ったのだ。すなわち、ソクラテス自身にとっては、「ダイモニオンとは何か」といったことはそもそも問題にならなかったし、「新奇なもの」と言われても、それを実感することさえできなかったのであろう。たしかに、子供のころから経験していたダイモニオンは、それを他のひとに語るなかで、どうやら自分にだけ生じる特殊なものらしい、そうソクラテスは気づいてはいた。けれども、ソクラテスとってはふつうのよくある出来事にすぎなかった。そうすると、「ガラクシドロスの問い」は、神の声を聞くことのできない者が、かってにそれを「ロゴスによる判断」とは別のものとみなして発した問いではないだろうか。神の声が聞こえ、それが完全に、ロゴスによる判断と一致していたソクラテス自身は、きっと「ガラクシドロスの問い」とは無縁のところにいたにちがいない。

思い起こしてみよう。プルタルコスの『ソクラテスのダイモニオンについて』の第二幕の議論のはじめに、シミアスは直接ソクラテスから答えを聞くことはなかった、というくだりがあった(54)。けれども、そのときシミアスはソクラテスにダイモニオンについて一度は尋ねていたのである。それにソクラテスは答えなかった。それゆえ、シミアスも二度とは尋ねようとしなかったという。このソクラテスの沈黙は、きわめて暗示的であるように、わたしには思われる。

注

（1）プルタルコス『ソクラテスのダイモニオンについて』五八〇A六―B一。
（2）同書、五七六D七。同じプルタルコスの書『ペロピダス伝』二一‐三にもテオクリトスは登場し、夢占いを行なっている。
（3）プルタルコス『ソクラテスのダイモニオンについて』五八〇C七―八。
（4）同書、五八〇C一〇―D四。

（5）ホメロス『オデュッセイア』第十三歌三〇一、同『イリアス』第二〇歌九五。
（6）プルタルコス『ソクラテスのダイモニオンについて』五八〇D—E参照。
（7）この人物は、本書第二章で言及した人物と同じである。エウテュプロンが「予言者（μάντις）」と呼ばれていたことは、プラトン『エウテュプロン』三E三参照。また「予言者（μάντις）」という表現は、ソクラテスがダイモニオンと関連させて、自分自身をそう呼んでいた。本書第三章六四頁参照。
（8）プルタルコス『ソクラテスのダイモニオンについて』五八〇F四—七。
（9）同書、五八〇F八—五八一A二。
（10）同書、五八一A七—B四。
（11）メガラの人であるが、エウクレイデスに始まるメガラ派には属していない。プラトン『パイドン』五九C、同『テアイテトス』一四二A参照。
（12）アリストテレス『動物誌』四九二B六—八。くしゃみが神的なものとみなされていたことについては、アリストテレス『問題集』第三十三巻七および九参照。また、ホメロス『オデュッセイア』第十七歌五四一以降や、プルタルコスの『テミストクレス伝』一三-三も参照。
（13）プルタルコス『ソクラテスのダイモニオンについて』五八一B四—九。
（14）同書、五八一D一—四。
（15）同書、五八一D—E参照。「デリオンの一件」については、これまでの『ソクラテス書簡集』やキケロ『占いについて』で語られていることと内容は少し異なる。本書第五章一二九、一三二頁以降参照。
（16）プルタルコス『ソクラテスのダイモニオンについて』、五八一E一〇—F四。文中の引用は、エウリピデス『アウトリュコス』「断片」二八二-一二一（Nauck）。
（17）同書、五八二A二—五。

(18) 同書、五八二B九―C一〇。
(19) プラトン『国家』四九六C四―五。
(20) ホメロス『イリアス』第一三歌八二一、ホメロス『オデュッセイア』第二歌一五二、アイスキュロス『アガメムノン』一一七参照。またプルタルコス『ソクラテスのダイモニオンについて』五九四Eも参照。もっとも、左を吉とする見解もあるようである。キケロ『占いについて』第二巻一八参照。
(21) プルタルコス『ソクラテスのダイモニオンについて』五八八C五―八。
(22) 同書、五八八C九―D四。
(23) 同書、五八八D九―E四。
(24) 同書、五八八D六―九。
(25) キケロ『占いについて』第一巻一二一‐一七。
(26) プルタルコス『ソクラテスのダイモニオンについて』五八九B四―C四。
(27) 同書、五八九D二―五。
(28) 同書、五八九F三―六。
(29) 同書、五八九F九―一〇。
(30) 同書、五九〇A七。
(31) ボイオティア地方のレバデイアという町にある神託所。神託を得ようとする者は、その洞窟に下りていくのだが、そのさいにさまざまなしきたりや儀式があったとされる。パウサニアス『ギリシア案内記』第九章三九‐五一四参照。
(32) プルタルコス『ソクラテスのダイモニオンについて』五九一D四―七。
(33) 同書、五九一E五―九。

(34) 同書、五九二B参照。
(35) De Lacy, P. H. & Einarson, B., *Plutarch's Moralia*, vol. 7, Oxford, 1959, p. 459.
(36) Joyal, M., *The Platonic Theages*, Stuttgart. 2000, p. 271.
(37) プラトン『ティマイオス』九〇A二、C四。
(38) プルタルコス『ソクラテスのダイモニオンについて』五九三A二―三。
(39) 同書、五九三A四―五。
(40) 同書、五九三A一〇―B六。
(41) 同書、五九三D一―二。
(42) 同書、五九三D五―七。
(43) ヘシオドス『仕事と日』一二二。本書第二章五三―五四頁参照。
(44) 同書一〇九。
(45) プルタルコス『ソクラテスのダイモニオンについて』五九三F六―七。
(46) 同書、五九三E二。
(47) 同書、五九三E八。
(48) 同書、五九四A四―七。
(49) De Lacy, p. 369.
(50) プルタルコス『ソクラテスのダイモニオンについて』五八二E五―七。
(51) ディオゲネス・ラエルティオス『ギリシア哲学者列伝』第八巻四―五。
(52) Nussbaum, M., "Commentary on Edmunds", *Proceedings of the Boston Area colloquim in Ancient Philosophy*, Vol. II, 1985, p. 234.

(53) McPherran, M. L., "Introducing a New God: Socrates and His Daimonion", in Destrée, P. & Smith, N. D. (ed.) *Socrates' Divine Signe: Religion, Practice, and Value in Socratic Philosophy*, 2005, p. 16.

(54) プルタルコス『ソクラテスのダイモニオンについて』五八八C。

第七章　プルタルコスのもうひとつの回答
――悪しきダイモーン論

プルタルコスはじつに数多くの著作を書いた。後四世紀に作成されたと考えられるランプリアスの目録には、二二七冊もの書名が記されている。そのなかには、いま取り上げた『ソクラテスのダイモニオンについて』以外にも、ダイモーンについて論じられたものがある。ソクラテスのダイモニオンとの関連はむしろ薄いと思われるが、これまで見てきたものとは明らかに異なるダイモーンが描かれている。その点には触れておかねばならないだろう。ランプリアスの分類で「神学的著作」のうちに含まれる何冊かを取り上げ、それらのダイモーン像を考察し、そのうえで前章までの考察と照らし合わせてみたい。

第一節　『イシスとオシリスについて』

まず、『イシスとオシリスについて』という著作を見てみよう。表題に挙げられているイシスとオシリスとはエジプトの夫婦神であり、ギリシア・ローマ世界でも広く信仰されていた。だがそのエジプトの神話で語られるのは、神の彷徨、受難、さらには姦淫である。神オシリスは殺害され、さらに八つ裂きにされる。女神イシスはその亡骸を探し求め彷徨う。「エジプト人たちの神の話には謎めいた知恵が含まれている」[1]とみなすプルタルコスは、イシスとオシリスの神話の意味するところを問おうとするのである。そしてそれは同時に、ギリシアでよく議論された神々をめぐる問題でもあった。はたして神々は悪しき行ないをするのか、これは、古くはクセノパネスがホメロスやヘシオドスに投げかけた問いである[2]。その解決策として、『イシスとオシリスについて』のなかでは、ダイモーンが、神々の悪事を引き受けるものとして登場するのである。

この著作は、ある女性に捧げられた論文という形式で書かれている。プルタルコスはまず、神話とは「じつは王や僭主たちにまつわる話である」[3]という説を紹介し、そのようなかたちで神々から悪を免除する解釈を「忌むべき事柄を手際よく神々から人間に肩代わりさせているにすぎない」[4]と批判する。そのうえで、そういった解釈と比較しながら、プルタルコスはつぎのように述べる。

> 「ですから、テュポンやオシリスやイシスについて物語られていることが、神々の身に起こったことでも、人間の身に起こったことでもなく、大いなるダイモーンたちの身に起こったことだと考えるひとたちの方がまだましです。つまり、このダイモーンたちのことを、プラトンやピュタ

ゴラス、クセノクラテスやクリュシッポスは、古代の神話作家たちにしたがってこう述べているのです。ダイモーンたちは人間たちよりも力強い存在として生まれ、その力はわれわれの自然本性をはるかに凌いでいる。しかし、その神性は純粋なものではなく、むしろ魂の本性と身体の感覚を宿命として分け持ち、快楽と苦痛を感じうるだけでなく、そうした変転のなかに生じ、多かれ少なかれ動揺を引き起こすような経験を味わいうる。なぜなら、人間の場合と同じように、ダイモーンたちにも徳と悪徳における差異（ἀρετῆς διαφοραὶ καὶ κακίας）が生じるからだ、というのです(5)」。

テュポンとはギリシア神話のなかでは諸説あるが、ここではエジプト神セトの異名であり、兄弟神オシリス殺害の首謀者である。つまり、殺すことも殺されることも、神々の身に起こったことではなく、また、さきの解釈のように人間の身に起こったことでもなく、「ダイモーンたちの身に起こったことだ」と言うのである。プルタルコスは、この考え方を「プラトンやピュタゴラス、クセノクラテスやクリュシッポス」の名を挙げて語っている。もっとも、誤解してはならないのだが、ダイモーンが直ちに悪の原因と言われているわけではない。少なくともこの発言ではそうである。「ダイモーンたちには徳と悪徳がさまざまな程度で生じる」のであって、可能性としては善と悪の両方に開かれているのである。じっさいにプルタルコスは、この発言のあとにヘシオドスが語る「有能で善きダイモーン（χρηστοὺς καὶ ἀγαθοὺς δαίμονας）」についても語っている。また、プラトンの「予言と善き授かりものを運んでくる」ダイモーンに言及してもいる。要点は、「人間と神との中間の種族（γένος ἐν μέσῳ θεῶν καὶ ἀνθρώπων）」[6]としてのダイモーンである。

そしてプルタルコスはこの区別にもとづき、オシリス殺害という行為を悪しきダイモーンとしてのテュポンによるものとする一方、「イシスとオシリスは、その徳ゆえに善きダイモーンから神々へと立場を変えた」[7]と言う。イシスの彷徨や受難は「知恵をたよりに勇気を奮って成し遂げた事績」[8]とみなされるのである。こうして、「中間的存在」であるダイモーンのひとつの可能性として悪が説明され、それに悪を担わせることによって、神話はなるほどうまく解釈される。

だが、プルタルコスはさらに一歩進めて、この「中間的存在」というあり方を逸脱するかのように見える説明を、おそらく自分自身の見解として語り始める。ここで「逸脱」とわたしが言うのは、「中間的存在」が可能性として悪に転じるのではなく、ダイモーンがもとより悪しき本性をもつものとして語られている点である。しかもさらにわたしが問題に感じるのは、その説をプラトンの宇宙生成論と関連づけて展開している点である。

プルタルコスはまず、「自然がこの世にもたらすのは善悪入り混じった数多くのもの（πολλὰ καὶ μεμιγμένα κακοῖς καὶ ἀγαθοῖς）であり、端的にいえば、純粋なものは何ひとつもたらしはしません」[9]と述べ、この世界は「ふたつの相反する始原」によって支配されているという。そして、「もし善が悪の原因をもたらしえないとするならば、善の場合と同様に、悪の場合にも、自然はそれ固有の生成の原理をもっていなければならない[10]」という善悪二元論的な考え方を提示し、つぎのように述べる。

「あるひとたちは、二柱の神がいわば技を競い合うかのごとく存在していて、一方が善きものの制作者であり、もう一方が悪しきものの工作者（τὸν δὲ φαῦλων δημιουργόν）であると考えています。また、より善きほうの工作者を神と呼び、もう一方をダイモーンと呼ぶひともいます。たとえば、マゴス僧ゾロアストレスもそのひとりです[11]」。

ここで言われている「悪しきものの工作者」としてのダイモーンは、もはや善とは原理的に対立するものとなるのである。なるほど、プルタルコスは「あるひとたち」の見解として述べており、ただちに自分自身の見解として述べてはいない。また、その一例として挙げられているマゴス僧ゾロアストレスとは、ペルシアの司祭階級に属する者である。内容は、指摘されるように[12]、おそらくペルシア的二元論に由来するのであろう。しかしながら、この善悪二元論的な考え方を、プルタルコスは「大多数のもっとも賢きひとたちの考え[13]」として紹介し、ペルシア人、カルダイア人たちの立場を説明した後、「これらの説には哲学者たちも賛同している[14]」と言う。そしてさらに、そのなかにプラトンの名を挙げるのである。プルタルコスは、後期プラトンの宇宙生成論を引き合いに出しながら、「この議論は神々に関するエジプト人たちの考え方をプラトンの哲学に結び付けることになる[15]」と述べ、つぎのように神話を解釈する。

「魂のうちには知性と理性（νοῦς καὶ λόγος）が最善なるものすべての指導者・支配者（ἡγεμὼν καὶ κύριος）としてあるのですが、これこそ、オシリスにほかなりません。……一方、テュポンに相当するのは、魂においては、その感情にかかわる部分、ティタン族にふさわしい、非理性的で、衝動的な部分です（τῆς ψυχῆς τὸ παθητικὸν καὶ τιτανικὸν καὶ ἄλογον καὶ ἔμπληκτον）」(16)。

善と悪の対立するふたつの原理に、プルタルコスはそれぞれオシリスとテュポンをあてはめる。そのうえで女神イシスには、善なる原理を受け入れ生成を可能にする「素材」という第三の原理が割り当てられるのである(17)。こうして、イシスとオシリスをめぐる悪の問題は、テュポンという「悪しきダイモーン」に悪を押しつけるかたちで、ひとまずの決着を見るのである。

しかし、このテュポンをダイモーンとみなすことは、『ソクラテスのダイモニオンについて』とは正反対の説明になりはしないか。そこでは、「魂の支配的・指導的部分（τῆς ψυχῆς κρατοῦν καὶ ἄρχον）」である「知性（νοῦς）」こそがダイモーンと語られていたはずである(18)。やはりこのダイモーン観は、それがエジプト神話を説明するものではあるとはいえ、これまで見てきたギリシアのそれから逸脱しているように思われるのである。とりわけ、プラトンを引き合いに出しつつ「悪しきダイモーン」が語られることには、違和感を覚えざるをえない。プルタルコスはこの説を語るにあたってつぎのように語っている。「その起源はもはや知るよしもありませんが、強い説得力をもっていて、消し去りがたいものがあり、著作や口伝のなかだけでなく、秘儀や供犠のなかにも、異民族とギリシア民族とを問わず、いたるところに行きわたっているのです[19]」。はたして、『イシスとオシリスについて』のなかで「悪しきダイモーン」について語られている事柄は、プルタルコス自身の見解とみなしていいのだろうか。

第二節　『神託の衰微について』

では、そのような点に注意しながら、こんどは『神託の衰微について』を見てみよう。プルタルコスの時代、各地の神託所が廃れ、「神託の大干魃がこの地を覆い尽くしてしまっている[20]」とまで言われる事態になっていた。その原因を探ろうとする「神学的著作」である。そのなかで、ダイモーンに見捨てられたことが神託の衰微の原因ではないか、といった「ダイモーン原因説」とでも言うべき見解が検討され、ダイモーンの本性をめぐる議論が展開される。対話篇形式で書かれたこの著作で、さまざまな人物が登場するなか、その口火を切るのはクレオンブロトスという、各地をめぐる旅を重ねたというスパルタ人である。

「わたしには、神々と人間との中間的存在であるダイモーンの種族（τὸ τῶν δαιμόνων γένος ἐν μέσῳ θεῶν καὶ ἀνθρώπων）、――それは或る意味で神々とわれわれとの交わりを一つに結び合わせ、関係づけるのだ——を発見したひとたちの方が、もっと多くのもっと大きな難問を解決したように思われる。しかも、その教説がゾロアストレスの弟子であるマゴス僧たちのものであれ、オルペウスにまで遡るトラキアのものであれ、エジプトやプリュギアのものであれ、それぞれの地域のさまざまな儀式と混淆して、死と喪に関わりをもつ神聖な儀式として執り行われる数多くの事柄を見てわれわれが評価するかぎり、そう思われるのだ[21]」。

このように述べるクレオンブロトスは、まさに大旅行家の本領発揮といったところだろう。おそらく、旅によって得た知見を披露するという役どころを、著者プルタルコスは設定しているのであろうが、言わんとすることは、「中間的存在」としてのダイモーンが多くの地方の多くのひとたちに語られていた、ということにつきる。クレオンブロトスはさらにこの「中間的存在」についての説明をつづける。そして、話の流れのなかで、ダイモーンには人間的な特徴が備わるという点が強調されるようになり、「いわば神々と人間との境界線上に、死すべき人間の情念と必然的な変化とを受け入れる本性をもつ[22]」ダイモーンは、つぎのように述べられる。

「人間たちのあいだと同様に、ダイモーンたちのあいだにも卓越性の差異（ἀρετῆς διαφοραί）があるからで、或るダイモーンたちには、情念と無分別の弱くかすかな残滓がいわば澱のように内在しているだけなのに、他のダイモーンたちには、その多くが消し難い残余として内在している[23]」。

ここで言われている「卓越性（徳）の差異」とは、さきの『イシスとオシリスについて』のなかで「ダイモーンたちにも徳と悪徳における差異（ἀρετῆς διαφοραὶ καὶ κακίας）が生じる」と言われていたことと同じである。つまり、ダイモーンには「卓越性の差異」があり、それに応じて善きものと悪しきものに区別されるのである。この「善きダイモーンと悪しきダイモーンとの区別」、そのうえでの「悪しきダイモーンの存在」をもとにして、クレオンブロトスはつぎのような神話解釈を語る。

「神話伝説や詩歌のなかには、強姦だの彷徨だのと、神々が姿を隠したり、追放になったり、召使に身を窶したりするさまが語られ歌われている。しかし、そうしたすべての出来事はじつは神々の身に起こったことではなく、ダイモーンたちの身に生じた受難や偶運なのであって、それらが記憶されているのは彼らの武勇と力量のゆえなのである」(24)。

やはり『イシスとオシリスについて』と同様に、神を悪の主体とはみなさず、ダイモーンにその役割を担わせているのである。このようなダイモーンは、ときとして「強力で暴力的なダイモーン（ἰσχυροὶ καὶ βίαιοι δαίμονες）」(25)と言われ、ときとして「復讐の神霊、血の復讐者（ἀλάστορας καὶ παλαμναίους）」(26)とさえ言われる。そして、「神託や神託所に関わりをもってきたダイモーンの存在が姿を消すなら、当然そうした神託や神託所もともに姿を消すだろう」(27)と語り、クレオンブロトスは「ダイモーン原因説」にたどり着くことになる。

だがもちろん、こういったダイモーン論が、あらゆるひとたちに全面的に受け入れられていたわけではない。この著作では、メガラの青年へラクレオンがつぎのような疑義をクレオンブロトスに投げかけていることからも、それは明らかであろう。

「過ちや狂気、神によって定めおかれた彷徨などを、エンペドクレスの詩句から十把一絡げに取り出して、それらをこのダイモーンたちに負わせ、挙句の果てに彼らが人間どものように死すべきものであると想定するに至るような説は、どちらかと言えば大胆に過ぎ、ギリシア精神にもとる（βαρβαρικώτερον）とわたしは考えています[28]」。

青年へラクレオンのこの発言は、『ソクラテスのダイモニオンについて』におけるガラクシドロスの役どころにも通じるような、きわめて理性的な対応であるように思われる。たしかに、エンペドクレスは、「過ちを犯してみずからの手を殺生の血に汚した、さらにまた争いに従って偽りの誓いを誓った」ダイモーンが、長きにわたって彷徨わねばならないという「太古の掟」を語っている[29]。しかしだからといって、そのようなダイモーン観がはたしてギリシア的であるか、という問いかけである。だがそれに対しては、クレオンブロトスは論理の問題に置き換え、ただちにこう答えた。

「君は、君自身が同意したことに気づかぬうちに撤回してしまっている。なぜなら、ダイモーンの存在には同意しておきながら、彼らが悪しきものであることも、死すべきものであることも認めないとするなら、もはや君はダイモーンとしての彼らの本性を守ってはいないことになるのだから。だって、もしダイモーンが本質的に不滅の存在であるだけでなく、卓越性の点でも情念や罪過と無縁の存在であるとすれば、いったいどこが神と異なっていることになるのかね[30]」。

つまり、「ダイモーンは「中間的存在」であり、「神」とは異なる。しかるに、神は不死である。したがって、神とは異なるダイモーンは不死ではない」という論理である。このクレオンブロトスの主張に対する検討は後に行なうとして、彼とは別の人物ピリッポスもつづいて、「悪しきダイモーン」についてつぎのように述べる。

「悪しきダイモーン（φαύλους δαίμονας）の存在を伝えているのは、ヘラクレオン君、なにもエンペドクレスだけではない。プラトンやクセノクラテス、クリュシッポスだってそうだった。さらにデモクリトスも同様で……[31]」。

ここでもふたたび、プラトンをはじめとして多くの人物の名前が「悪しきダイモーン」の語り手に挙げられている。そして、議論はさらにこの延長線上でつづけられ、何人かの登場人物が自分の主張として、また伝聞として、さまざまな「悪しきダイモーン」のあり方を語るのである。

ところが、この『神託の衰微について』において、当初の問題はこの「ダイモーン原因説」で最終的な解決を見たわけではない。突如として議論は話題を転じ(32)、ふたたび神託の衰微が問われるようになると別の見解が述べられ(33)そのさきにむかえたのは「またの機会に先延ばしにしよう(34)」というアポリア的結末である。著者プルタルコスの意図を探ることは簡単ではない。ある論者は、この著作で「悪しきダイモーン」を語るクレオンブロトスは、さまざまな見解を紹介しているにすぎず、その内容は著者プルタルコス自身の思想ではないと考える(35)。しかし、さきに考察した『イシスとオシリスについて』においても同様のことが、しかもそこではプルタルコス自身によって語られていたのである。そうだとすると、簡単に退けることはできないだろう。また、詳しく論じられているわけではないが、「悪しきダイモーン」に通じる主張は他の著作でも見られる。同じく「神学的著作」に分類される『デルポイのEについて』のなかでも、「生成消滅のうちにその本性を定めおかれたダイモーン（δαίμονι τεταγμένῳ περὶ τὴν ἐν φθορᾷ καὶ γενέσει φύσιν）(36)」が登場するのである。あたかもまるで、『ソクラテスのダイモニオンについて』で語られていたダイモーン論とは別の、もうひとつのダイモーン論がプルタルコスには存在しているようだ。

第三節　悪しきダイモーン

プルタルコスが語る「悪しきダイモーン」をめぐって、考察しなければならないことはあまりに多い。ここでは、これまで本書が明らかにしてきたこととの整合性に関わる問題にのみ焦点を絞り、ふたつの論点において検討することにする。まずひとつは、プルタルコスの語る「悪しきダイモーン」という考え方が、プラトンに由来するかのように記述されている点について確認しよう。これまでの考察、とくに第三章の考察では、プラトンはむしろダイモーンを善きものとして語っていたはずである。そのうえでふたつめに、『ソクラテスのダイモニオンについて』のダイモーン論と照らし合わせてみることにする。というのは、第六章において語られていたのも、善きものとしてのダイモーンであったからだ。

まず最初の論点に関して、プラトンの名前が、他の多くの由来とともに、それらと並んで言及されていることに注目しよう。たしかに、さきほどの『神託の衰微について』におけるピリッポスの発言を見るかぎり、「悪しきダイモーン」についてプラトンが語っているように見える。そしてじっさいに、プラトンと並んで言及されているエンペドクレスとデモクリトス、さらにクリュシッポスに関してはそれらしいものが伝えられている。エンペドクレスについてはすでに挙げた。また、デモクリトスのもとに伝えられる断片のひとつにつぎのようなものがある。

「たしかに病気ということも、またわれわれのうちなる物質の（機能の）停止ということもある。しかしその原因はダイモーンなのであって、人びとは病気にかかるとダイモーンにその責めを負わせる。病気がひとを捕らえるときには、ダイモーンがそのひとを襲っているのである[37]」。

さらに、クリュシッポスについて言うと、彼の名前が明確に示されているダイモーンをめぐる断片はプルタルコスの著作以外に見出されないが、彼の属するストア派のなかに「悪しきダイモーン（φαῦλος δαίμων）」が語られる断片は存在している[38]。また、プラトンが創設した学園アカデメイアの第三第学頭であるクセノクラテスには、たとえばつぎのような発言が伝えられている。

「クセノクラテスが言うには、わたしたちは顔の醜さを「悪い顔」と呼び、形の何らかの乱れを「悪い形」と呼ぶように、ダイモーンの悪しき様を「悪しきダイモーン」と呼ぶのである[39]」。

しかしながら、プラトンはどうであろう。すくなくとも、ダイモーンの悪しき姿はどこにも語られていない[40]。近いもので該当すると考えられるのは『饗宴』のなかのある個所である。すでに、第三章の考察でとりあげたが、確認のためもういちど見てみよう。プラトンの対話篇『饗宴』の主役ともいえる巫女ディオティマはソクラテスにこう語ったのだった。

「それ（神エロース）は偉大なダイモーンなのですよ、ソクラテス。そしてダイモーンのたぐいはすべて神と死すべきものの中間にあるのです(41)」。

そして、このあとつづけて、「偉大なダイモーン」であるエロースを、父ポロス（豊かさの神）と母ペニア（貧困の神）とのあいだの子供と説明し、その本性をつぎのように語る。

「まず第一に、いつも貧しく、またたいていのひとが考えるように華奢で美しいというようなものでは決してありません。かえって、こわばった身体で、干からびて薄汚く、裸足で、宿なし者、いつも夜具なしで大地にごろ寝をし、大空の下、戸口や道ばたで横になるのです。それというのも、母の性を受けて、つねに欠乏と同居するものだからです。しかし他面、父の血を受けて、父同様美しいものと善きものとを狙うものなのです。つまり、彼は勇気があり、勇往邁進し、懸命努力するものであって、手ごわい狩人、つねに何らかの策略をあみ出すもの、熱心に思慮分別を求めてこれに事欠かぬもの、生涯にわたり知を愛しつづけ、優れた魔術師、妖術師にしてソフィストだからです。また本性、不死なるものとしてあるのでも、死すべきものとしてあるのでもなく、同じ日のうちに、事がうまくいくときには命の花を咲かせて生きるかと思うと、またときには死んでいくこともある。が、父の性ゆえに、再び生き返る。しかしながら、手に入れるものはいつも手のあいだから漏れ落ちてしまう。だからエロースは決して困窮もしないが、また富みもしないのであって、さらには知と無知に関してもその中間にあるものなのです[42]」。

ここで述べられているダイモーンの特徴はたしかに人間的である。そして巫女ディオティマは、さらに少し説明をつづけたあと、「以上がこのダイモーンの本性なのです（ἡ μὲν οὖν φύσις τοῦ δαίμονος αὕτη）[43]」と述べている。おそらく、のちのダイモーン論の方向を決定つけた個所であろう。ときとして、クセノクラテス当時の学園アカデメイアで「善きダイモーンと悪しきダイモーン」という考え方が定着したと言われるが[44]、その源でもあるだろう。また、さきの『イシスとオシリスについて』の該当箇所では、ダイモーンについて「その神性は純粋なものではなく、むしろ魂の本性と身体の感覚を宿命として分け持ち、快楽と苦痛を感じうるだけでなく、そうした変転のなかに生じ、多かれ少なかれ動揺を引き起こすような経験を味わいうる」と言われていた。そしてそこでも、ピュタゴラス、クセノクラテスやクリュシッポスとともに、プラトンの名前が挙げられていたのである。

しかしながら、この『饗宴』におけるダイモーンの本性の説明は、「悪しきダイモーン」へと直接つながるものであろうか。むしろプラトンが意図していたのは逆の方向ではないか。言われている通り、徳をめざし、知を愛し求めるすがたにこそ、ここの「中間的存在」の意味はあると思われる。もちろん可能性として、「善きダイモーンと悪しきダイモーンの区別」へと道を開くものではあっただろう。だがそうだとしても、この証言を見るかぎり、けっして「悪しきダイモーン」を強調するものではなかった。ディオティマの言葉を受けて、ソクラテスはこう尋ねている。「では、エロースがそのようなものであるとすると、それは人間に対してどんな役に立つのですか」[45]。その答えは、エロースを通じて「死すべきものが不死にあずかる」[46]というものである。身体は滅びる。しかしエロースのもたらす出産というかたちでさらなる生を得る。また魂は、エロースが求める善美なるものについての知識を保全することによって、永遠を得るのである。たしかに、その「不死」のあり方は、「神的なもののように、まったく同じものとして永遠にあるという仕方ではない」[47]。だが、ディオティマが述べるダイモーンとしてのエロースの方向性は、神へと、不死へと、そして善へと向かうものなのである。

そうすると、「悪しきダイモーン」を強調することは「ギリシア精神にもとる」という、青年ヘラクレオンの指摘は、きわめて正しいものであったのではないか。むしろ、そのヘラクレオンを「君はダイモーンとしての彼らの本性を守っていない」と非難したクレオンブロトスこそ、大きな問題を含んでいるようにわたしは思う。というのは、ヘラクレオンはとくに「死すべきダイモーン」という点について異議を申し立てたのであるが、クレオンブロトスはきわめて明快な論理でそれを退けた。さきに述べたが、「ダイモーンは「中間的存在」であり、「神」とは異なる。しかるに、神は不死である。

したがって、神とは異なるダイモーンは不死ではない」という論理である。これは、死すべきものかそうでないか、だけでなく、悪しきものかそうでないかなど、多くのことに適用されうる。だがどうであろう。論理としては、まったく別の道筋も考えられる。つまり、「ダイモーンは「中間的存在」であり、「人間」とは異なる。しかるに、人間は死すべきものである。したがって、人間とは異なるダイモーンは死すべきものではない」という論理である。要は、「中間的存在」というものに、そもそも二者択一的な選択をあてはめて考えるのは間違いなのだ。なぜなら、そもそも中間を認めるということは、排中律と相容れないからである。ディオティマが語っていたように、神とは別の仕方での永遠性こそがダイモーンの本性なのである。したがって、「中間的存在」としてのダイモーンを認めることと、「悪しきダイモーン」という考え方は、必ずしも直結してはいない。とうぜんのことながら、その由来を直接的にプラトンに求めることも、正しいとは言えないだろう。もしプルタルコスがそう主張しているのであれば、それは歴史的な流れのなかで受け止める必要がある。そしてさきに触れたように、もしプラトンの学園アカデメイアの第三代学頭クセノクラテスが、「善きダイモーンと悪しきダイモーンの区別」を定式化したのだとすると、プラトン、クセノクラテス、プルタルコスというプラトン主義の歴史のなかでプルタルコスの語っていることを位置づけねばならないだろう。すなわち、プラトンによってダイモーンが「中間的存在」とみなされ、それを源にクセノクラテスが「善きダイモーンと悪しきダイモーンの区別」を定式化し、その延長線上でプルタルコスは「悪しきダイモーン」の部分を語った、という流れである。[48] そしてひょっとすると、「悪しきダイモーン」を善悪二元論的な枠組みで語るプルタルコスの歩みは、たとえそれが全面的に彼自身の見解でなかったとしても、ある種、ギリシア的な流れからは逸脱するように思われる。「彼（プルタルコス）は勇気をもって、ギリシア哲学の踏み固められた道を外れ、とりわけオリエントの教えにおいて彼が遭遇したような二元論的な思惟に関わり合う[49]」ということなのかもしれない。青年ヘラクレオンに「ギリシア精神にもとる（βαρβαρικώτερον）」という反論を語らせた点を考慮に入れるなら、プルタルコスはそのことを十分に自覚していた可能性がうかがえる。

もっとも、「悪しきダイモーン」の存在を認めることそれ自体はギリシア的なものである。すでに述べたが、プラトンはそういった伝統に異を唱えた稀有な存在だったのである。[50] じっさい、プルタルコスが言及した名前を、プラトンを除いて列挙してみると、エンペドクレス、デモクリトス、ピュタゴラス、クセノクラテス、クリュシッポス、そしてマゴス僧ゾロアストレスやその弟子、オルペウスにまで遡るトラキア、エジプト、プリュギアである。人物名から地名まで、そしてソクラテス以前からプラトン以後のひとたちと、じつに地理的にも時間的にもはばの広い多くの名前である。考えてみれば、「悪しきダイモーン」の存在は、そもそも「悪しき神」が語られる土壌では、あたりまえのことであろう。きっと、神やダイモーンを善きものとして理解しようとしたプラトンの革新的な企てとは別に、「悪しきダイモーン」という考え方は、その後も一般的なものであったのだ。プルタルコスのこれらの著作は、そういった背景のもとで書かれたのである。

では、もうひとつの論点、プルタルコスの『ソクラテスのダイモニオンについて』のダイモーン論との整合性についてはどうであろう。そこでは、ダイモーンは人間を徳へと導く善き守護者として語られていたのである。だが、プルタルコスは、可能性として善悪いずれにもなりうるダイモーンを語っていた、ということこれまでの考察結果からすると、おそらく、何の問題もなく理解されるのではないか。一言でいえば、それは観点の違いである。『ソクラテスのダイモニオンについて』のなかでは、「生成から解放されたダイモーン」のみが語られた。それは、いわば「善きダイモーン」である。他方、他の神学的著作で強調されるのは、「悪しきダイモーン」である。そしてそれらふたつのあり方は、矛盾するものではなく、ダイモーンには二通りの可能性があるという考え方のもとで理解されうるだろう。『ソクラテスのダイモニオンについて』では、ソクラテスのダイモニオンとの関連でダイモーンが語られた。そこでは「人間の生き方」が問題とされていたのであり、人間より上位のダイモーンがより大きな役割を担ったのである。善き生き方を導くものとしてである。他方、他の神学的著作においては、問題となったのは神々のあり方、いやむしろ神々の語られ方であった。そこでは、ダイモーンが神より下位の存在であることが意味を持ってくる。見てきたように、ダイモーンに悪を押しつけることで神々の善性が保たれることができたのだ。いずれにせよ、「中間的存在」というものを利用したたいへん巧みな説明の仕方であるように思われる。たしかに、それぞれのダイモーンが語られるとき、もう一方のダイモーンはほとんど語られない。だから一見したところ、相容れないようなふたつのダイモーン論があるかのように映る。けれども、一方の不在については、とくに理由があるわけではなく、きっとプルタルコスは、そこで語る必要がないと考えたからであろう。そして、それら二様のあり方を可能にしたという点で、プラトンの「中間的存在としてのダイモーン」という考え方が評価されるのであれば、けっして誤った評価の仕方ではない。またそれは第三章で考察したこととも、何ら矛盾しないことである。さらに、前章で導きだした結論とも、やはり矛盾はしないはずである。

注

（1）プルタルコス『イシスとオシリスについて』三五四C三―四（丸橋裕訳『モラリア5』京都大学学術出版会、二〇〇九年）。
（2）クセノパネス「断片」一二（DK）。
（3）プルタルコス『イシスとオシリスについて』三五九D七。
（4）同書、三五九D一一―E一。
（5）同書、三六〇D五―E七。
（6）同書、三六一B一二―C一。
（7）同書、三六一E四―五。

（8）同書、三六一D九。
（9）同書、三六九C三—五。
（10）同書、三六九D二—五。
（11）同書、三六九D7—一〇。
（12）丸橋裕、「解説」前掲書、三四七頁参照。
（13）プルタルコス『イシスとオシリスについて』三六九D六。
（14）同書、三七〇D二—三。
（15）同書、三七一A二—四。
（16）同書、三七一A一〇—一二、B三—四。
（17）同書、三七二E—F参照。本書で細かく触れることはできなかったが、「三原理説」については以下の書が詳しい。Dörrie, H. and Baltes, M., *Die philosophische Lehre des Platonismus*, Stuttgart-Bad Cannstadt, 1996, S. 399-407.
（18）プルタルコス『ソクラテスのダイモニオンについて』五九一E六、五九二C一。それがプラトンに由来することについては、プラトン『ティマイオス』九〇A二、C四、および本書第六章一六九頁を参照。
（19）プルタルコス『イシスとオシリスについて』三六九B七—一一。
（20）プルタルコス『神託の衰微について』四一一E八—九（丸橋裕訳『モラリア5』京都大学学術出版会、二〇〇九年）。「この地」とはボイオティア地方のことである。
（21）同書、四一五A一—七。
（22）同書、四一六C六—八。
（23）同書、四一七B四—七。

(24) 同書、四一七E六―一〇。
(25) 同書、四一七D七―八。
(26) 同書、四一八B一〇。
(27) 同書、四一八C一二―D一。
(28) 同書、四一八E四―九。
(29) エンペドクレス「断片」一一五（DK）。プルタルコス『イシスとオシリスについて』三六一C参照。
(30) プルタルコス『神託の衰微について』四一八F三―四一九A三。
(31) 同書、四一九A五―八。
(32) 『神託の衰微について』の第三一―三七節では、宇宙の多数性をめぐる議論が展開されている。
(33) ひとに予言を可能とするプネウマ（地中から立ち上る流体）が何らかの原因（地震などの自然現象）で人間に伝わらなくなったことを原因とする「プネウマ原因説」が、プルタルコスの兄ランプリアスによって語られる。
(34) プルタルコス『神託の衰微について』四三八D九。
(35) Brenk, F. E., "A Most Strange Doctrin: Daimon in Plutarch", *Classical Jounal*, 69, 1973, p. 7.　彼は注三三で触れたランプリアスの見解をプルタルコスの立場とみなしている。
(36) プルタルコス『デルポイのEについて』三九四A二―三。
(37) デモクリトス「断片」三〇‐一〇（DK）。この断片は今日では偽作と認定されている。ただ、プルタルコスにそういった判別がされていたかどうか、さらに、プルタルコスがこの断片を念頭に置いていたのかどうか、は定かではない。また、デモクリトスの説で有名な映像（エイドーラ）はダイモーンをそう名付けたという報告もあり（「証言」七八）、そうすると、エイドーラのふたつのあり方（善きものと悪しきもの）がダイモーンのふたつのあり方と重なるのかもしれない（「断片」一一六）。

（38）『初期ストア派断片集』Ⅱ－一一〇一（SVF）。また本論で考察したプルタルコスの証言は、それぞれ、Ⅱ－一一〇三、一一〇四として収められている。

（39）クセノクラテス「断片」八三（Heinze）。

（40）当該個所でのプラトンへの言及については、「プルタルコスは悪しきダイモーンの源としてプラトンの名前を引き合いに出しているが、プラトンの著作においてダイモーンは一貫して善き観点のもとで描かれている」という指摘がされている。Schibli, H. S., "Xenocrates' Daemons and the Irrational Soul" *Classical Quarterly*, 43-1, 1993, p. 148, n. 23.

（41）プラトン『饗宴』二〇二D一三—E一。

（42）同書、二〇三C六—E五。

（43）同書、二〇四B七—八。

（44）Joyal, pp. 142-143. Heinze, R., *Xenokrates*, Stuttgart, 1892,（rep. 1965）, S. 95.

（45）プラトン『饗宴』二〇四C八。

（46）同書、二〇八B三。

（47）同書、二〇八A八—B一。

（48）さきにも述べたが「善きダイモーンと悪しきダイモーンの区別」はクセノクラテスに帰せられる。しかし、そもそもクセノクラテスのダイモーン論を伝える証言は主としてプルタルコスのものであり（Heinze, S.78-83）、プルタルコスの解釈にすぎない可能性は残る。また厳密には、プルタルコス自身の思想の発展という観点も必要であろう。たとえば、解釈者たちのあいだで、プルタルコスの初期著作である『迷信について』と、本論で取り上げた後期著作とみなされている神学的著作とを比較して、かたや「悪しきダイモーン」という考え方が形成されていったのだとする解釈と、かたやそれに対する批判を深めていったとする解釈が示されている(Brenk, p.3)。

たいへん興味深い論争ではあるが、ソクラテスのダイモニオンを主題とする本論では、プルタルコスが「悪しきダイモーン」を語っているという事実の指摘で十分であると判断する。さらに「悪しきダイモーン」に関連して付け加えて言うと、この「悪しきダイモーン」はやがてキリスト教のデーモン（悪魔）と関連してくる大問題である。ただ、本論の考察のおよぶところではない。

(49) 丸橋裕、「解説」前掲書、三五一頁。

(50) もちろん、プラトンだけではなく、クセノパネス「断片」一二（DK）やピンダロスにも同様の意図は見られる。本書第三章、五四、七一頁参照。

終　章　神霊に憑かれた哲学者ソクラテス

これまでの考察は、「ガラクシドロスの問い」を手引きとし、とくに哲学のロゴスの立場との関連において、ソクラテスのダイモニオンとは何か、それはどのように解釈されてきたのかを追ってきた。そして、プラトン、クセノポンの報告から、それぞれの「回答」と言えるようなものを明らかにし、最後に、プルタルコスの『ソクラテスのダイモニオンについて』のなかで語られている「ダイモニオンに従う」ことと「ロゴスに従う」こととの一致に、その最終的な「回答」を見た。また途中では、それらの「回答」に及ぼした周辺的な事情もすこしは明らかにしてきたはずである。

わたしはこの考察にさいしては、「本当のソクラテス」を知りたいという誘惑をできるかぎり断ち切り、あくまでも「さまざまなソクラテス像」を描こうとしてきた。だが、とは言っても、実際にソクラテスに接した人物が報告するソクラテスと、後のひとたちが伝えるソクラテスとのあいだには、大きな違いがあるように思える。とくに、ソクラテスのダイモニオンをめぐっては、そのように言えるのではないだろうか。ソクラテスの生きざまに直接触れ、ダイモニオンが理由で処刑されたことを同時代に体験したひとたちにとっては、そのひとりクセノポンが書き残したように、「記録に残さずにはいられない」といった、切羽詰まったものであったにちがいない。それに対して、時代が過ぎ、多くの事例とともに語られ、ときとして「笑いながら」語られるダイモニオンは、そして、それを語るソクラテスは、興味深いものであるものの、どこか物語風に感じられてしまうのである。ひょっとすると、プルタルコスもそう感じたのかもしれない。だからこそ、ガラクシドロスにあの「問い」を語らせたのであろう。そしてそれに対する「回答」を自ら与えたのではないだろうか。

では最後に、これまでの考察で残されたままのいくつかの謎にとりかかろうと思う。わたしがここで謎というのは、ソクラテスとともに生きたひとたちの証言に関してである。プラトンが描いたソクラテスは、メレトスの罪状に対して、もっとも弁解しなければならないことを素通りにしていた。ダイモニオンが「新奇な」と言われたことに対する弁明である。また、クセノポンの描いたソクラテスは、区別すべき知の基準があいまいなままであった。それこそ、ダイモニオンの領域を明らかにするはずの基準であったはずだ。つまり、ソクラテスの周辺のひとたちはみんな、ソクラテスを弁護しようとして彼を描いたにもかかわらず、彼らの描いたソクラテスには、なぜそことを語らないのか、という謎が残ったままなのである。まるで、そこでのソクラテスは、この「ガラクシドロスの問い」に対して、無頓着であるかのように見えるのである。いったいなぜなのか。

ひとつの答えとして、そもそもソクラテス自身が、それを「問い」とみなしていなかった、という可能性があるだろう。さらに、ダイモニオンに関して彼の敵対者たちがよせた批判も、ソクラテスには実感を伴うものではなかったのではないだろうか。ダイモニオンに関して、周りのひとたちとソクラテスとのあいだに大きなずれがあり、それが謎と映るだけなのかもしれない。

おそらく、例外なくすべての報告が一致して伝えているように、ダイモニオンの声がほんとうにソクラテスには聞こえたのであろう。そしてそれがソクラテスのロゴスと完全に一致していたのだとすると、「ガラクシドロスの問い」を問わざるをえなかったのは、その声を聞くことのできなかったひとたちなのである。ソクラテスにとっては、日々のささいな行動においても、死を直前にしたときも、いつもダイモニオンに従うこととみずからのロゴスに従うことは完全に一致していた。そこには何の問題もなかったのであろう。けれども、ソクラテスにとってはあいにくなことに、圧倒的多数のひとたちが、ダイモニオンの声を聞くことができなかった。わたしたちの時代とくらべて神々が身近な存在であった当時でさえ、そうだったのだ。きっと、ソクラテスをそのように報告をしたプラトンにも、聞くことはできなかったのではないか。そして現代、神的なものが科学から排除されるようになった現代では、病理学の立場からときとして、ソクラテスの諸事例をもとに、ソクラテスにはさまざまな病名が診断される事態ともなった[1]。だが、それもきわめて一面的な見方であろう。ソクラテスはロゴスのひとであり、同時にダイモニオンが聞こえるひとだったのだ。その二面性を理解するには、ソクラテスのことを「神霊に憑かれた哲学者」と呼ぶのがふさわしいのではないか。

では、その「神霊に憑かれた哲学者」のすがたに、もう少しだけ迫ってみたいと思う。なぜ「ガラクシドロスの問い」がソクラテスには無縁であったのか、それをプラトンの著作に限定して考察することにしよう。いま述べた「謎」に対して、近年の諸研究を手掛かりにしながら、ふたたび言及することにする。ただ、それは本論とは別に補論として書き記すことにしたい。「ソクラテスはどういう人物だったのか」という問いに踏み込むことになるから、というのがその理由のひとつである。

注

（1）Karpas, M. J., "Socrates in the Light modern Psychopathology", *Journal of abnormal psychology*, 10（1915/1916）においてソクラテスには、多くの病が診断されている。

補論　ソクラテスのダイモニオンと理性（ロゴス）

序節　ガラクシドロスの問い

プラトンの対話篇に登場するソクラテスは、一方で、ダイモニオン、すなわち「神霊のようなもの」に従って行為し、他方、ロゴス（理性・議論）の判断にのみ従って行為すべきと主張している。「神霊に憑かれた哲学者」とでも言うべきこのソクラテスの二面性は、そもそも相容れないものではないか。これまで「ガラクシドロスの問い」と呼んできたものを、あらためてプラトンの著作に限定して問うことが、補論の目的である。

第一節　プラトン対話篇におけるダイモニオン

最初にいくつかのことを確認しておきたい。プラトンの対話篇のなかで、ソクラテスの行為に関与したとされるようなダイモニオンが語られるのは、それほど多くはない。『ソクラテスの弁明』二六B―二七E、三一C―E、四〇C、四一D、『エウテュプロン』三B、『エウテュデモス』二七二E、『国家』四九六C、『パイドロス』二四二B―C、『テアイテトス』一五一Aの以上である。(1)プラトンの著作年代でみると、最初期の『ソクラテスの弁明』にはじまり、円熟した（おそらくはプラトンの）思想が語られる『国家』をへて、さらに後期のはじめに位置づけられる『テアイテトス』においてもソクラテスのダイモニオンは語られている、このことはまず注目に値するであろう。

では、ソクラテスは、ダイモニオンをどのように語っているのか。ソクラテスの探求は、たとえば「徳とは何か」の探求に代表されるように、「何であるか」という問いをめぐって、そして、それを何よりも優先すべき問いとみなしながらも、残念ながら、「ダイモニオンとは何か」という問いが端的に立てられ、論じられている形跡はない。このことはひとつの謎と言っていい。(2)ソクラテスはダイモニオンについて、いつ、どのような場面で、どのように生じたのか、その個人的な経験を語るのみである。わたしは、それが語られているつぎのふたつの証言を考察の出発点としたい。

証言1　『パイドロス』二四二B八―C三

「わたしがまさに川を渡って向こうへ行こうとしていたときに、よき友よ、ダイモーンのしるし、いつもわたしにおとずれるあのしるしが、現われたのだ。それはいつでも、何かしようとするときにわたしをひきとめるのだが。――そして、そこからある声が聞こえて、わたしがなんと、神聖なものに対して何か罪を犯しているから、自らその罪を清めるまでは、ここを立ち去ることはならぬと、こうわたしに命じたように思えた」。

証言2　『ソクラテスの弁明』三一D一―六

「これはわたしには、子供の時から始まったもので、一種の声となってあらわれるのです。それが現われる時は、いつでも、わたしが何かをしようとしているときに、それをわたしにさしとめるのでして、それをせよとすすめることは、どんな場合にもありません。そしてまさにこのものが、わたしに対して、政治の活動することに反対しているわけなのです。そしてそれが反対するのというのは、わたしには十分うなずけることだと、わたしには思われる」。

これらふたつの証言に述べられていることから、ソクラテスのダイモニオンの特徴として、まず以下の点が挙げられるであろう。

（A）ダイモーン（神霊）のしるしである。
（B）「声のようなもの」としてソクラテスに現われる。
（C）ソクラテスにとっては子供のころからの馴染みのものである。
（D）いつも何かしようとするときにソクラテスをひきとめるのであって、それをせよとすすめることはけっしてない。

これらの特徴に関連することを、他の証言も手掛かりとし、もうすこしはっきりさせておこう。まず（A）について、ソクラテスは『ソクラテスの弁明』のなかでは、別の言い方をし、「ダイモニオンの予言」（四〇A三）、または「神のしるし」とも呼んでいる。また（C）と（D）に関して、ソクラテスは、「これまでの全生涯を通じて、いつもたいへん数繁く、ごくささいなことについても現われた」（四〇A三―五）と述べている。さらに、ダイモニオンが自分にだけ現れる特殊なものであると語る、つぎの証言にも注目しておきたい。

証言3　『国家』四九六C三―五
「しかしわれわれのもののことは挙げる値打ちはないだろう。それはダイモニオンのしるしのことだがね。というのは、これまでひとびとのうちのほとんど誰にもそれは現われたことはないのだから」。

繰り返しとなるが、ソクラテスのダイモニオンの特徴を以下のように整理しておく。
ソクラテスのダイモニオンは、

（A）ダイモーン・神のしるしである。
（B）「声のようなもの」としてソクラテスに現われる。
（C）ソクラテスにとっては、子供のころからの馴染みのものであって、ささいなことにも頻繁に現われた。
（D）いつも何かしようとするときにソクラテスをひきとめるのであって、それをせよとすすめることはけっしてない。（禁止の命令のみを告げる）
（E）ソクラテス以外のひとに現れることはほとんどない。

第二節　ダイモニオンとロゴス

さて、ソクラテスが、以上のように特徴づけられるダイモニオンを行為の原理としていたなら、つぎの証言を語るソクラテスとは、やはり、ガラクシドロスが指摘したように、「矛盾する」ように思われるのである。

証言4　『クリトン』四六B三―C三

「わたしという人間は、自分でよく考えてみて、これが最上であるということが明らかになった言論（ロゴス）以外には、他の何ものにも従わないような人間なのであって、これはいまに始まったことではなくて、いつもそうなのだ。だから、いままでわたしが言っていた言論（ロゴス）を、わたしがこういうめぐりあわせになったからといって、いまさら放棄することはできないのだ。むしろそれらは、わたしにとっては、ほとんど前と変わらないものに見えるのであって、わたしはそこで言われている言論に対して、ちょうど前に払っていたのとおなじ敬意を払い、これと同じものとして尊重しているのだ。だから、もしわれわれが、これまで言われたこと以上に、もっとすぐれたことを、いまこの場で言うことができなければ、いいかね、わたしは決してあなたに譲歩しないだろう」。

この証言は、監獄のなかで亡命を勧めるクリトンに向かって語った言葉である。まさに、ソクラテスのロゴス（理性・議論）の立場を端的に表している。そしてじっさい、ソクラテスはこの発言の後、議論によってクリトンを説き伏せ、みずからの立場を貫き通した。亡命ではなく死を選びとったのだ。このように死さえもいとわずに、「ロゴスにのみ従う」ことを行為で示したソクラテスと、前節で明らかとなった「神のしるしに従って」行為するソクラテスとは、どのような関係にあるのであろうか。

この問題をめぐっては、ここ二、三〇年のあいだに、数多くの解釈が提出されている。だが、可能となる解釈は、ある論者の言葉を借りれば、(3)「ソクラテスのダイモニオンへの信頼から、非合理的なシミのようにみえる要素を完全に取り除いて、ダイモニオンを理解する何らかの方法を見つけるか、あるいは、つねに説得という理性的原理のみに基づいている、というソクラテスの主張を受け入れずに、それを端的に拒む」というふたつであるという。つまり、証言4の「ロゴスにのみ従う」という主張を重視し、神的なものとしてのダイモニオンをロゴスのもとに位置づけようとする解釈（解釈R）と、証言4を強く受け取らず、ダイモニオンというロゴス以外の原理があったと認めてしまう解釈（解釈G）である。その論者が言うには、ソクラテスに共感を抱く研究者は、後者の選択肢にはまったく魅力を感じておらず、多くの研究者たちは、前者の立場でいくつかの解釈のバリエーションを展開している状況にある。これらの解釈にも目を配りながら、考察を進めていきたい。わたし自身が本章で提出する解釈をあらかじめ示しておくと、ダイモニオンとロゴスというふたつの行為の原理がソクラテスには存在していたが、しかしそのことは証言4の「ロゴスにのみ従う」という主張とは矛盾しない、というものである。

たしかに、証言4のロゴスの立場からすると、ダイモニオンは消し去ってしまうべき「シミのように見える」であろう。しかし、逆に、ダイモニオンの側からみると、かならずしもロゴスを異物とみなすわけではない。そのことは、先に挙げたダイモニオンの特徴のいくつかにおいて、はっきりと示されている。

まずは、特徴（A）に注目しよう。ソクラテスは、ダイモニオンを「声のようなもの」であると同時に、「しるし」と述べている。つまり、ソクラテスには、明確に分節された言葉が伝えられるわけではない。むしろ、単なる「音声」であるダイモニオンは、それを「しるし」として、すなわち「何かを指し示すもの」として受け取り解釈するソクラテスがいて、はじめてダイモニオンとして成立するのである。そこにロゴスがはたらく余地はある。いやむしろ、ロゴスなくしてダイモニオンは成立しない、と言ってもいいであろう。

さらに、特徴（B）の「ソクラテスに生じる」という言い方にも注意が必要かもしれない。ダイモニオンは、ソクラテスの意図とは無関係に、あくまでも主体（主語）として、ソクラテスに生じるのである。それは、ロゴスのある種、能動的な働きとは対比的なものであろう。そうすると、ソクラテスのひとつの行為に、ダイモニオンは受動的に、ロゴスは能動的に関与するものであった、と言えるかもしれない。

また、いわばこの「ダイモニオンとロゴスの両立」という解釈は、ダイモニオンが、禁止の命令のみを告げるという特徴（D）によっても強く支持されるように思われる。わたしは、ダイモニオンに従うソクラテスは、ふたつの局面においてロゴスに従うことが可能であると考える。

まず、ひとつの局面は、ダイモニオンのしるしに先立って、そこにソクラテス自身による行為への決定がすでにあった、という点である。それは、証言1、証言2ともに同じ言葉で語られている。ダイモニオンは、ソクラテスが「行なおうとしていたそのこと（ὃ ἂν μέλλοι πράττειν）」へ向けられたものなのである。しかも、「行為（πράττειν）」と言われていることは注目すべきかもしれない。つまり単なる「欲求」に対して、ダイモニオンのしるしが与えられるのではないのである。先にわたしは、ダイモニオンはプラトンの著作年代の長い時期にわたって語られていると言及した。そうであれば、たとえば『国家』第四巻で語られる「行為」を思い出してみることも有益であるだろう。そこでは、魂の内的な葛藤をへて、その理性的部分（ロギスティコン）の導きのもとにある状態が「正しさ」と定義され、「まさしくそのうえで行為する（δὴ πράττειν ἤδη）」（四四三E二）と言われていた。つまり、ソクラテスが「行なおうとしていたそのこと」はすでに、ロゴスによる判断にもとづくものであった、と考えられるのである。

つづいて、もうひとつの局面は、ダイモニオン発現のあとである。先の証言1で、ソクラテスは、ダイモニオンが生じた後に、「そして、そこからある声が聞こえて、わたしがなんと、神聖なものに対して罪を犯しているから、その罪を清めるまではここを立ち去ることはならぬと、こうわたしに命じたように思えた」、と述べている。しかしながら、ダイモニオンのしるしは、単なる「声のようなもの」であり、具体的にこのような内容を語ったわけではない。むしろ、ダイモニオンのしるしをきっかけとして、ソクラテスが、禁止の理由を考えて得た結論であろう。それは、ソクラテス自身がロゴス（理性・議論）によって得たものと言っていいはずである。また、証言2の該当箇所では、ダイモニオンは、政治の活動をしようとしたソクラテスに禁止の命令として現われた。それを受けてソクラテスは、「ダイモニオンが反対するのというのは、わたしには十分うなずけることだと思われる」と語っていた。つまり、ここでも、なぜそれを禁止するのかに関して、ソクラテスはみずからのロゴス（理性・議論）によって納得したのである。したがって、証言1、証言2のいずれの場合においても、ダイモニオンは、ソクラテスにロゴスをはたらかせるきっかけとして作用した、このように考えることができるであろう。

また、この局面は、ダイモニオンが生じなかった場合にもあてはまる。『ソクラテスの弁明』のなかで、ソクラテスは、裁判に向かい家を出ようとしたときも、法廷に入ろうとしたときも、弁論で何かを言おうとしたときも、ダイモニオンは生じなかったことを受けて、つぎのように語っている。

証言5　『ソクラテスの弁明』四〇A三―B一、B六

「妙なことが生じたのです。というのは、わたしにいつも起こる例のダイモニオンの予言というものは、これまでの全生涯を通じて、いつもたいへん数繁く現われて、ごくささいなことについても、わたしの行なおうとしていることが、正しくない場合には、反対したものなのです。……ところが、そのわたしに対して、朝、家を出る時にも、神の例のしるしは、反対しなかったので

す。……それなら何が原因なのでしょうか」。

ソクラテスは「妙なことが生じた」と述べているが、それはここでは、「ダイモニオンが生じなかったということが生じた」という意味である。ダイモニオンは何らかの行為への禁止の命令として現われるが、逆に言うと、ダイモニオンが現われないということは、「行なおうとしていたそのこと」への容認を意味するのである。そのことは、ソクラテス自身、明確につぎのように語っている通りである。

証言6　『テアイテトス』一五一A一―五

「そういうひとりにリュシマコスの子アリステイデスがいて、その他たいへん多くのひとたちがいる。もしそういったひとたちがもう一度やってきて、わたしとともにすごしてほしいと願い、あきれるようなことまでして見せる場合、わたしにいつも現われるダイモニオンは、そのあるひとたちとはともにすごすことを妨げ、他のあるひとたちとはともにすごすことを許すのだ。そして後者のひとたちはふたたび進歩を遂げる」。

これは『テアイテトス』でのソクラテスの発言である。ここでは、ダイモニオンが「妨げる」、あるいは「許す」という言い方がされているのである。

では、もう一度、先の証言5の場面に戻ろう。裁判の当日、裁判所に向かう時にも、弁明をするときも、ソクラテスにダイモニオンが生じなかった。つまり、ソクラテスが行なおうとしていることを、ダイモニオンは「許し」たのだ。その許しを受けて、ソクラテスはやはりここでも、「それなら何が原因なのでしょうか」と問うているのである。そして、そこでソクラテスが行なったロゴス（理性・議論）は、きわめて容易に理解できる。それはこうである。

・これまで、わたしの行なおうとしていることが、正しくない場合には、ダイモニオンはいつも反対した。
・しかるに、いまダイモニオンは反対しない。
・したがって、いまわたしが行なおうとしていることは正しい。

ソクラテスはこの場合も、ダイモニオンに従いながら、同時にロゴスにも従って行為したのである。

以上をふまえて、ソクラテスにダイモニオンが生じる・生じない場面を、ひとまず大枠として定式化してみよう。

（1）ソクラテスがロゴスによって判断し、ある何かをしようとする（はじめのロゴスの局面）。
（2）そこに、ダイモニオンが生じたり、生じなかったりする。
（3）ソクラテスは、その行為を行なう、あるいは行なわない。

（4）ソクラテスは、みずからのロゴスによってその理由を考察し、納得している（あとのロゴスの局面）。

ソクラテスがダイモニオンに関連してある何からかの行為（3）を成し遂げる場合、そこには、ロゴスに従う局面（1）（4）と、ダイモニオンに従う局面（2）が、ともに共存しているのである。そこにはまた、先に述べた、行為への受動的関与と、能動的関与という区別も重なり合うであろう。そのソクラテスの行為は、さしあたって、ロゴスに従うとともに、ダイモニオンに従うと言えるだろう。

第三節　ダイモニオンと神

さて、前節では、ソクラテスのダイモニオンにおけるロゴス的な側面を明らかにした。そのひとつに、「しるし」であるダイモニオンは、それを受け取り解釈するソクラテスがいて、はじめてダイモニオンとして成立する、と述べた。だがそれと同時に、当然のことながら、その送り手も存在しなければならない。その送り手を、ソクラテスは、特徴（A）でみたように、ダイモーン（神霊）、あるいは神と呼んでいるのである。そのダイモーン、神とは何であるのか。この節では、ダイモニオンの神的な側面を見て行きたい。

まず問題となるのは、当時の一般的な神やダイモーンへの信仰との関係であろう。ソクラテスのダイモニオンは、「ダイモニオンの予言」とも言われていた。はたして、ダイモニオンは、当時の他の神的な予言と同じものなのであろうか。あるいは、それらとは区別される特殊なものなのであろうか。また、もし区別されるとすれば、どういった点で特殊なのであろうか。

(一) ダイモニオンと他の神的予言

じっさいのところ、プラトンの描くソクラテスは、ダイモニオン以外にも、神や神的なものに言及し、またそれらへの信頼をいたるところで口にしている[4]。たとえば、『ソクラテスの弁明』でも、ソクラテスは「デルポイの神」(二〇E八)、すなわち、予言の神アポロンに、「神託を求め」(二一A五)ているし、知を愛し求めるという自分自身の営みを説明するにあたって、つぎのように述べてもいるのである。

証言7 『ソクラテスの弁明』三三C四―八

「しかし、わたしにとっては、それは、わたしの申し分どおり、神によって、なせと命じられたことなのです。それは神託によっても伝えられたし、夢知らせによっても伝えられたのです。また何かほかに、神の決定で、人間に対して、まあ何であれ、何かをなすことが命ぜられる場合の、あらゆる伝達の方法がとられたのです」。

ソクラテスのダイモニオンとは、この証言の最後に言われている「何かほかに、神の決定で、人間に対して、まあ何であれ、何かをなすことが命ぜられる場合の、あらゆる伝達の方法」のうちのひとつにすぎないのであろうか。予言などへの信頼が語られているのは、『ソクラテスの弁明』だけではない。『パイドロス』では、ダイモニオンが語られた証言1のまさしく続きで、つぎのようにソクラテスは述べているのである。

証言8　『パイドロス』二四二C三―五、六―七

「ところで、わたしは占いができるのだ。あまりうまくはないがね。しかしちょうど字の下手なひとたちと同じで、ただ自分だけのためなら、けっこう間に合うのだ。……じっさい、友よ、魂というものは、一種の予言の力をもっているのだねえ」。

これらの証言を見ると、ソクラテスはとくにダイモニオンだけを特殊なものとみなしてはいないようにも思われる。先に挙げた（解釈G）に立つ研究者たちのなかにも、ダイモニオンを外部からソクラテスにもたらされたものと認めたうえで、それを当時のギリシア世界のなかから特定しようとする

いくつかの試みがある。特徴的なものを箇条書きで示す。

解釈（G－1）ソクラテスのダイモニオンは、予言の神アポロンによってもたらされたものである。(5)

解釈（G－2）ダイモニオンには、オルペウスやピュタゴラス派に由来する神の影響がある。(6)

解釈（G－3）ダイモニオンは、ヘシオドスの語った守護神としてのダイモーンによるものである。(7)

だが、これらの解釈はいずれも、あるひとつの困難に出会う。それは、特徴（E）との整合性である。ソクラテスはみずから、「これまでひとびとのうちのほとんど誰にもそれは現われたことはない」と述べ、当時のひとたちが経験したことのない特殊なものとしてダイモニオンを語っていたのである。(8)

（二）「新奇なダイモニオン」

そして、ソクラテスのダイモニオンの特殊性は、それこそまさに、彼の論敵たちが指摘したことでもあった。というのも、ソクラテスに対するメレトスの訴状は、以下のようなかたちで伝えられているからである。

証言9　『ソクラテスの弁明』二四B八—C一

「いわく、ソクラテスは犯罪人である。青年たちを腐敗させ、国家の認める神々を認めずに、新奇なダイモニオンを認めるがゆえに」。

「新奇なダイモニオン」と言われているように、ソクラテスの語るダイモニオンは一般的な神々とは異なる、というのが、メレトスの訴えなのである。またソクラテス自身も、ダイモニオンがそのようなものとして理解されていることを自覚していたし、さらには、そのような理解の原因が、自らが語るダイモニオンにあることも認識していたようなのである。そのことは、『エウテュプロン』のなかでのつぎのようなやり取りから明らかである。

証言10　『エウテュプロン』三B一—六

ソクラテス「それが君、ただそう言われただけでは、なんとも奇妙なことなのだよ。つまり、彼（メレトス）はわたしが神々の創作者であると言うのだ。そして、わたしのことを新奇な神々を創作して、古来の神々を認めない者とみなして、まさにこれらのことゆえに告訴した、とこう主張するのだ」。

エウテュプロン「わかりました、ソクラテス。それはきっとあなたが、自分にはしばしばダイモニオンが現われるとおっしゃるからですよ」。

では、このような自覚のうえで、ソクラテスは先のメレトスの訴状に対してどのような弁明を行なったのか。その議論の筋はこうである。

（Ⅰ）ソクラテスはダイモニオン（ダイモーンに関するもの、ダイモーンのしるし）を認めている。
（Ⅱ）ダイモニオンの存在を認めているものは、ダイモーンの存在を認めている。
（Ⅲ）ダイモーンを、われわれは神、もしくは神の子と考えている。
（Ⅳ）したがって、ソクラテスは神を認めている。

ソクラテスは、論点（Ⅲ）（Ⅳ）については、つぎのように述べている。

証言11　『ソクラテスの弁明』二七D六―一〇

「また他方、ダイモーンというものが、神の傍系の子供であって、ニュンフその他の、言い伝えられているような女性から生まれてきたものであるとするならば、神の子の存在は信じるけれども、神は信じないなどという者が、世に誰かあるだろうか」。

つまり、ソクラテスがとった戦略は、ダイモニオンを当時の一般的なダイモーン信仰へと解消する、というものであったのだ。しかしながら、多くの研究者たちが指摘しているように(9)、ここでのソクラテスの議論の進め方には問題がある。それは、論点の（Ⅰ）を語るさいに、「それが新しいものか、古いものかということは、つぎのことにして、とにかく、あなたの言うところによれば、わたしがダイモニオンを認めているのは間違いないわけで、あなたの訴状のなかにも、そのことが宣誓されている」（二七C六―八）と述べ、「新奇な」というメレトスの指摘を素通りしている点である。しかしながら、もし、論点（Ⅲ）で言われているように、ダイモーンの存在、また、それへの信仰というのが、当時一般的なものであったならば、なおいっそう「新奇な」という部分こそ、ソクラテスは議論しなければならなかったのではないか。なぜ、そうしなかったのか、これもひとつの謎である。[10] さらに言うと、ソクラテス自身が、ダイモニオンの特殊性を語っていたはずである。そうであるなら、ここで「新奇さ」をただたんに、一般的なダイモーン信仰へと解消してしまうことは、むしろソクラテスにとって不都合なことのようにも思われるのである。[11]

第四節　ダイモニオンの特殊性

では、つづいて、前節の議論もふまえながら、特徴（E）についてあらためて考察していきたい。そこで「これまでひとびとのうちのほとんど誰にもそれは現われたことはない」と言われているダイモニオンの特殊性は、ソクラテスにのみ現れるという固有性である。では、ソクラテスは何をもってそのように「自分に固有なもの」と判断したのであろうか。考えられるのは以下の可能性である。[12]

(α)送り手である神・ダイモーンが特殊なものである。
(β)送られたものであるダイモニオンのあり方が特殊である。
(γ)ダイモニオンの受け手であるソクラテスの対応の仕方が特殊である。

まず(α)について考えてみよう。たしかに、ソクラテスは、周辺のひとにダイモニオンを語ることによって、「新奇なダイモニオンを認める」(証言9)、あるいは「新奇な神々の創作者」(証言10)と映ったかもしれない。しかしながら、メレトス論駁の議論を見ると、ソクラテスは、みずからのダイモニオンを一般的な神・ダイモーン信仰へと解消している。また、証言10については、ソクラテスがそのことを「奇妙なこと」と述べている。それらのかぎりでは、ソクラテスが特殊な「送り手」といったものを想定しているとは思われない[13]。きっとある種のずれが、ソクラテスと周囲のひとたちとのあいだで生じていたのであろう。

では、ダイモニオンのあり方という点(β)はどうであろう。ソクラテスは、証言7において、「神は人間に何かを命じる場合には、神託や夢知らせ、他にもあらゆる伝達手段を用いる」と述べている。そうすると、ダイモニオンもそのひとつと考えられるかもしれない。しかしわたしは、伝えられる内容の点で、ダイモニオンは他の神的予言とは明確に区別されると考える。それは、先の特徴(D)である。そして証言7が、「神の決定で、人間に対して、まあ何であれ、何かをなすことが命ぜられる場合」と語られている以上、そこにダイモニオンを含めて考えてはならないだろう。証言7で語られているのは、神的予言へのソクラテスの信頼である。そしてその信頼という点で、ソクラテスはダイモニオンを他の神的予言と同等とみなしたかもしれない。だが、禁止の命令のみを伝えるという点では、はっきりと区別されねばならないであろう。(14)

そして、いま述べたダイモニオンの特殊性は、とうぜんのことながら（ν）と関連してくる。というのも、何か具体的な行為を命じるものと禁止のみを命じるものとでは、対応の仕方も異なるからである。後者においてはよりいっそうのロゴスのはたらきが求められるはずである。もちろん、たとえば神託や夢知らせにおいて、それらを解釈するのにロゴスのはたらきは必要であろう。げんにソクラテスは、「ソクラテス以上の知者はいない」という神託を、まさしく「論駁」(15)しているのである。しかし、第二節で明らかにしたように、禁止の命令のみを告げるダイモニオンにおいては、ロゴスのはたらきがその前後において成立するものであった。そういう意味で、ダイモニオンの（他の神託と比べた）よりいっそうのロゴス的な性格が見て取れるであろうし、それがソクラテスにのみ生じたのであれば、ソクラテスの対応もまたおのずと（他の神託へのひとびとの対応の仕方と比べて）特殊なものにならざるをえなかったであろう。よりいっそうロゴス的という対応である。そして、神的なものに対するソクラテスのロゴス的対応は、当時のひとたちには、新奇なものとさえ映ったのではないか。もしかすると、ロゴスを神にとって代わるものとしているかのような印象を、ひとびとに与えたかもしれない。(16)

さて、ソクラテスのダイモニオンの特殊性を考察するなかで、やはりふたたび、ダイモニオンにおけるロゴスのはたらきがクローズアップされてきたように思われる。そして、ここであらためて『クリトン』の証言4を思い起こしてみるならば、いっそうのことダイモニオンから、非ロゴス的なものを完全に排除してしまいたい、あるいは、それが不可能であるならできるかぎりロゴスに主導的な役割を割り振りたい、といった欲求が解釈者たちに生じるのも自然なことかもしれない。きっと、「ガラクシドロスの問い」もこれらと同じ気持ちから発せられたのであろう。ここで、近年のロゴスの側に立つ代表的な解釈（解釈R）をいくつか振り返っておきたい。以下、箇条書きに示す。

解釈（R－1）ダイモニオンはじつはソクラテスの理性（ロゴス）の声、あるいは良心のようなものである。[17]

解釈（R－2）ダイモニオンそれ自体が、議論（ロゴス）による批判的吟味（エレンコス）をへているからこそ、ソクラテスに信頼される。[18]

解釈（R－3）ダイモニオンが信頼されるのは、「神は善きものである。ダイモニオンは神の声である。したがって、ダイモニオンは善きものである」といった、合理的根拠（ロゴス）をソクラテスが持っていたからである。[19]

解釈（R－4）ダイモニオンの信頼性は、ソクラテス自らの経験によって確証されたのであり、それは十分に理性なもの（ロゴス）である。[20]

これらの解釈はいずれも、さきに挙げた三つの解釈（G1－3）で議論されたように、「ソクラテスの信頼したダイモニオンの送り手は、いかなる神・ダイモーンなのか」を中心的な問題とはしていない。それは何であろうと、「ダイモニオンへの信頼をいかにしてロゴスの立場から説明するか」に精力が傾けられている。なかでも、解釈（R－1）は、ダイモニオンを人間内部に位置づけることによって、送り手としての神・ダイモーンを否定するものである。ダイモニオンとは、ロゴスの否定的なはたらきに名付けられた「アイロニックな言及の仕方」にすぎないのであろうか。また、ロゴスのはたらきのもとにダイモニオンを理解しようとするそれぞれの試みも、どの程度、プラトンの報告するダイモニオンのすがたと一致するであろうか。最後に、ソクラテスが語っているダイモニオンの現場に立ち返って、そのうえで、これらの解釈の検討もふくめて、「ガラクシドロスの問い」を考察することにしたい。

第五節　ダイモニオンの現場

さて、特徴（D）において、ダイモニオンは「いつも何か行なおうとするときにわたしをひきとめる」と言われていた。では、具体的にどのようなソクラテスの行為にダイモニオンは生じ、それを引きとめたのであろうか。また、ダイモニオンが生じることなく許した行為はどのようなものであったのか。ソクラテスが語るダイモニオンの現場はそれほど多くない。これまでに挙げている証言のほかに、以下のふたつの証言を加え、網羅的に見ていくことにする。

証言12　『エウテュデモス』二七二E一—四

「ところで、わたしはある神の御心によってあそこに、ちょうどそこであなたはわたしを目にしたのだが、あの脱衣所にただひとりでたまたますわっていたのだよ、そしてもう立ち上がろうと考えていた。だが、わたしが立ち上がろうとすると、いつものダイモニオンのしるしが生じたのだ。それでまたすわったのだ」。

証言13　『ソクラテスの弁明』四〇A八—B六

「ところが、そのわたしに対して、朝、家を出てくる時にも、神の例のしるしは反対しなかったのです。また、ここにやってきて、この法廷に入ろうとしたときも、反対しなかったし、弁論の途中でも、わたしが何か言おうとしている、どのような場合にも、反対しなかったのです。ところが、それこそほうぼうで、わたしの話を、それは途中から差し止めたものなのです。ところが今度は、いまの行為に関するかぎり、行動においても、言論においても、わたしは反対を受けないでしまったのです」。

これまでに挙げた証言すべてをもとに、ダイモニオンが生じてその行為に反対した場合と、生じることなくその行為を許容した場合を羅列すると以下のようになる。

・ダイモニオンが生じたソクラテスの行為
　「川を渡る」「立ち上がる」「政治の活動をする」「弁論であることを言う」「あるひとと一緒になる」

・ダイモニオンが生じなかったソクラテスの行為
　「家を出る」「出廷する」「弁論であることを言う」「あるひとと一緒になる」

これらの事例を見て、ただちに思い浮かぶのは、ダイモニオンは「ささいなことにも」生じる、という特徴（C）であろう。またそれと同時に、これらのなかでは、「政治の活動をする」という事例のみが、それ以外のもの、つまり「ささいでないことがら」として異質に見えるかもしれない。さらには、その事例のみが、具体的な行為ではなく一般化された行為のようにも見えるのである。これらの現場に、すこし立ち入って考えてみよう。

（二）　ダイモニオンの声

ダイモニオンがソクラテスに現れるのは、ある特定のいままさに行なおうとしていることに対してである。これをダイモニオンが現れた「直接の行為」と呼ぶことにしよう。たとえば、『パイドロス』では「川を渡る」という行為、『エウテュデモス』では「立ち上がる」という行為である。もちろん、現われなかった場合もある。ただそれも「直接の行為」と呼ぶ。そして、ソクラテスは、そのダイモニオンの発現・非発現によって、ある行為を実行することになる。それを「実行された行為」と呼ぼう。ダイモニオンが現れなかった場合は、「直接の行為」と「実行された行為」は同じものとなったはずである。他方、ダイモニオンが生じた場合には、「実行された行為」は「直接の行為」の否定形となる。ところで、その後者の事態をソクラテスは、証言5において、「わたしの行なおうとしていることが、正しくない場合には反対した」と述べている。しかしながら、「直接の行為」それ自体において、「正しい・正しくない」が成立するわけではない。つまり、「川を渡ること」「立ち上がること」そのこと自体が「正しくない（μὴ ὀρθῶς）」と言われたわけではない。じっさい、ソクラテスが「直接の行為」それ自体に考察をめぐらしている形跡はない。むしろ、それら「直接の行為」に続いて意図されていた行為との関係で、「直接の行為」が「正しい・正しくない」と判断されるのである。先の例で言うと、『パイドロス』では「エロースについての議論を終える」ということ、『エウテュデモス』では「知者という評判をまとったエウテュデモスたちのもとから立ち去る」ということである。それらを、ソクラテスが「意図していた行為」と呼ぶ[21]。そして、「意図していた行為」は、ダイモニオンの「直接の行為」への発現・非発現を受けて「実行された行為」の先に、ソクラテスによって成し遂げられる。それを「成し遂げられた行為」と呼ぶ。ダイモニオンに従って「成し遂げられた行為」は、つねに「正しい（ὀρθῶς）」ことになる。かなり複雑になってきたので、いったん図式化してみよう。

図式1

ダイモニオン
⇓
「直接の行為」　→　「実行された行為」
↓　　　　　　　　　↓
「意図していた行為」　「成し遂げられた行為」（つねに正しい）

『パイドロス』での事例にあてはめると、ソクラテスは、「川を渡る」という行為を行なおうとしていたときに、ダイモニオンが生じた。その場合、その行為が「正しくない」のは、それが「エロースについての議論をやめること」へと連なるものだからである。ダイモニオンが生じる「直接の行為」は、それ自体が「正しい・正しくない」が成立しないような「ささいなこと」であるが、それが「意図していた行為」は、けっしてそうではないのである。そして、ダイモニオンの反対に従って、ソクラテスは「川を渡らない」ということを実行し、「エロースについての議論をつづける」ということを成し遂げた。その「成し遂げられた行為」は、「知を愛し求めること」と言い換えてもいい重大なことである[22]。ダイモニオンは、そういったことに及ぶのである。けれども、もしそうだとすると、ソクラテスは、自らが最初に意図していたこと（「エロースについての議論をやめる」）を、ダイモニオンによって覆し、ダイモニオンによって「正しい」行為（「エロースについての議論をつづける」）を成し遂げたことになる。そのすがたは、ダイモニオンを優先しロゴスによる判断を覆しているかのようにも見える。というのも、もともと「エロースについての議論をやめる」ことを意図したのは、先に述べたように、ソクラテスによるロゴスのはたらきによるものだからである。

図式2

ダイモニオンの声

⇓

「川を渡る」（直接の行為） → 「川を渡らない」（実行された行為）

↓　　　　　↓

「エロースについての議論をやめる」（意図していた行為）　「エロースについての議論をつづける」（成し遂げられた行為）

（二）　ダイモニオンの沈黙

今度は、ダイモニオンが生じなかった事例をもとに、その現場を見てみよう。証言13によると、裁判の日、「家を出る」「出廷する」「弁論であることを語る」といったソクラテスの「直接の行為」にダイモニオンは生じなかった。そして、それらが「意図していた行為」は、さしあたっては「裁判を受ける」ことであり、結果もふくめて言うと「（死刑）判決を受け入れること」である。そして、それぞれの「直接の行為」においてダイモニオンは沈黙をした。それを受けて、それらは「実行された行為」となり、「（死刑）判決を受け入れること」が、成し遂げられたのである。ここまでを図式化すると以下になる。

図式3

ダイモニオンの沈黙
⇓
「家を出る」（直接の行為）
←
「裁判を受け、判決を受け入れる」（意図していた行為）

↓

「家を出る」（実行された行為）
←
「裁判を受け、判決を受け入れる」（成し遂げられた行為）

そしてこの「成し遂げられた行為」について、ソクラテスは、「どうもわたしにとっては、善いことだったらしいのです」（四〇B七―八）と述べている。それは、先に語られた「正しい」という言葉と重なるものであろう。さらにソクラテスは、それが「善いもの」である「最大の証拠」（四〇C一）として繰り返しこう言う。

証言14　『ソクラテスの弁明』四〇C二―三
「いつものしるしが、もしわたしに反対しなかったということは、わたしのまさにしようとしていたことが、何かわたしのために善いものでなかったなら、けっして起こりえないことだったのです」。

先の『パイドロス』の事例と同じように、ソクラテスのダイモニオンへの信頼がここでもはっきりと語られている。もちろん、ダイモニオンが生じなかったこの場合、自らによるロゴスの判断を覆すことにはならなかった。それでも、それが「善いもの」である、という決定はダイモニオンが下したことになるのである。つまり、生じる・生じないいずれの場合においても、ダイモニオンは個々の具体的な行為に関与し、それに従ってソクラテスは、ひとつの具体的で、しかも「正しい・善い」行為を成し遂げることになったのである。

だが、このダイモニオンが生じずに成し遂げられた「善いこと」とは、判決を受け入れることであり、もっと具体的に言うと、死ぬことである。そして、その死をめぐって、ソクラテスはつぎのようにも語っている。

証言15　『ソクラテスの弁明』四一C八―D六

「しかしながら、諸君にも、裁判官諸君、死というものに対して、よい希望をもってもらわなければならないのです。（i）善きひとには、生きている時も、死んでからも、悪しきことはひとつもないのであって、そのひとは、何と取り組んでいても、神々の配慮を受けないということは、ないのだという、この一事を、真実のところとして、心にとめておいてもらわなければなりません。（ii）わたしに関することも、いわれなしに、いま生じたのではない。もう死んで、めんどうから解放されたほうが、わたしのためにはむしろよかったのだということが、わたしにははっきりと分かるのです。（iii）このことゆえにまた、例の神のしるしも、わたしをどこにおいても、阻止しなかったのです」。

この証言の後半部分（ii）でソクラテスは、「もう死んでしまうことの方がわたしにとっては善い」、そのことが「明らかである」と述べている。それは、いまうえでも確認したように、ダイモニオンへの信頼（iii）によって支えられている。しかしながら、前半部分（i）で、ソクラテスは、「善きひとにとっては悪しきことはひとつもない」ということを「真実として心にとめておかねばならない」

とも語っている。いったい、この「善きひとにとっては悪しきことはひとつもない」という命題は、どこから導き出されたものであろう。というのも、この命題は、明らかに次元が異なる。すなわち、ダイモニオンが生じる・生じない現場で見られた具体的な事柄ではなくて、もっと一般的なことが語られているからである。ダイモニオンによる個別的な命令と、ロゴスによって示される一般的な原理とは、しばしば指摘されるように[23]、明確に区別されねばならない。たしかに、第二節で述べたような帰納による一般化がソクラテスにおいてはなされているであろう。しかしそれはソクラテスの経験の内部での一般化である。この証言15（i）で語られているような次元での一般化は、ダイモニオンに依拠する（きっかけとする）ロゴスによっては成り立たないはずである。さらに『ソクラテスの弁明』の議論で言うと、ソクラテスは（i）を「よい希望」として語っているが、それはダイモニオンへの信頼（iii）から導き出されたもの（ii）とは、別の系列から得られた結論なのである。すなわち、「しかし考えてみようではないですか。つぎのように考えても、それが善いものだということは、大きな希望としてあるのですから」（四〇C四―五）という言葉ともに始められた、まさにソクラテスによるロゴス（議論）なのである[24]。もしそうであるならば、ダイモニオンとは別に独立して、ソクラテスがロゴスによって獲得した一般的な命題、あるいは原則といったものが、ダイモニオンの現場においてもはたらいていると言えるかもしれない。そしてそれが、ソクラテスによって「成し遂げられた行為」の「正しさ、善さ」を下支えしている、というのは十分考えられることである。図式化すると、以下になる。

図式4

ダイモニオンの沈黙

「家を出る」　　　　　↓　　　「家を出る」

⇐

「裁判を受け、判決を受け入れる」　←　「裁判を受け、判決を受け入れる」
（ソクラテスにとって善いこと）

⇒

独立したロゴス「善きひとにとっては悪しきことはひとつもない」

そして、以上のような考えにもとづき、他のダイモニオンの現場を見てみると、やはり同じように、一般的な命題がひそんでいるように思われる。先の『パイドロス』において、ソクラテスは、ダイモニオンをきっかけとして、「エロースについての議論をつづける」という、「正しい、善い」行為を成し遂げた。だがそれは同時に、わたしたちがよく耳にする、ある一般的な命題によっても支えられているのではないだろうか。すなわち、『ソクラテスの弁明』での、「人間にとっては、徳その他のことについて、毎日議論するという、このことが、まさに最大の善きことである」（三八A二―四）というソクラテスの発言のことである。というのも、もしダイモニオンがソクラテスに固有なものであって、そこから一般的な命題が導き出されえないとすれば、このソクラテスの主張も、ダイモニオンとは別のロゴスによって獲得されたと考えねばならないはずである。

図式5

ダイモニオンの声

⇐「川を渡る」　↓「川を渡らない」

←「エロースについての議論をやめる」　←「エロースについての議論をつづける」
（ソクラテスにとって善いこと）

⇒

独立したロゴス「議論をする（知を愛し求める）ことは善いことである」

また、『エウテュデモス』で語られたダイモニオンの現場も、同様のことが言えるようにわたしは思う。そして、それらを一般化すると、以下のようになるだろう。

図式6

ダイモニオン
⇐
「直接の行為」　↓　「実行された行為」
←　←
「意図していた行為」　「成し遂げられた行為」（ソクラテスにとって善いこと）
⇒
独立したロゴスによる「一般的命題・原理」

このように考えると、「一般的命題・原理」のレベルでのソクラテスの判断に、ダイモニオンが反対をした場合は一度もないことが分かるであろう。ダイモニオンの反対は、それ自体としてはささいな事柄である「直接の行為」に、そしてさらには「意図していた行為」に向けられていたのである。たしかに、そこにもロゴスによる行為の決定はあり、それにダイモニオンは介入する。しかし、それは、一般的命題のレベルでのロゴスが個々の状況によって正しく成し遂げられない、ということを告げているのである。そういう意味で、ソクラテスのロゴスの判断が、ダイモニオンによって覆されたのではないか、という心配は無用である。ダイモニオンは、一般的命題が適用される個々の状況について、ソクラテスに警鐘を鳴らす、そのような役割であると考えることができるであろう。

また、この節のはじめに、「政治の活動をする」ということへのダイモニオンの反対が、すこし異質なものではないかと述べた。だが、その点も上の図式をあてはめて考えてみれば、何ら問題にはならない。まず、ダイモニオンが生じた現場はおそらく、ささいなソクラテスの行為であろう。[25]たとえば、「民会である何かを発言する」という意図をもって、家を出ようとしたとき、あるいは起き上がろうとしたとき、といった場面が想像される。そういった「直接の行為」へのダイモニオンの声をもとに、ソクラテスは、政治活動をすることは自分にとっては善くない、という判断を得たのである。だがそれはけっして「一般的命題」ではない。むしろこの件での一般的命題を考えるなら、「哲学者は政治の活動を行うことが善い」というものになるだろう。言うまでもなくそれは、『国家』のなかでの壮大な議論（ロゴス）によってソクラテスが獲得したものである。そして、その一般的命題がいまこのアテナイの状況では正しく成し遂げられない、ということを、きっとダイモニオンは、いくつものソクラテスのささいな行為に生じることで告げたのである。

ダイモニオンの現場を、まとめておこう（ここでの数字番号は本書二二六頁の定式と対応している）。

（1）ソクラテスは、ある何かの行為をロゴスによって意図し、そこへと連なる、それ自体では「正しい・正しくない」といったことが成立しないささいな行為を行なおうとする。

（2）そのささいな行為にたいして、ダイモニオンが生じる、あるいは生じない。
（3－1）ソクラテスはダイモニオンに従って、その行為を実行する。（「実行する」は否定形も含む）

（3－2）そして、その行為に引き続き、ソクラテスはある行為を成し遂げる。
（4）その成し遂げられた行為が、ソクラテスにとって「正しく、善い」ものであることを、ソクラテスはダイモニオンをきっかけとしたロゴスによって納得している。
（5）同時に、それが「正しく、善きもの」であることは、ダイモニオンとは別に、ソクラテスがロゴスによって獲得した一般的な原理によっても確証される。

終　節　ガラクシドロスの問い再び

最後に、残っている課題にこたえることにしよう。これまでに明らかとなったのは以下である。ダイモニオンは、それがダイモニオンとして成立するにはロゴスのはたらきを必要とする（第二節）。ソクラテスは、ダイモニオンを、他の一般的な神・ダイモーンと同等に信頼していたが（第三節）、そのあり方（禁止の命令のみを告げる）において特殊であり、その点で、ソクラテスは特殊な対応を必要とした（第四節）。ダイモニオンの現場において、ソクラテスは、ダイモニオンに依拠しないロゴスによる一般的命題・原理を所有していた（第五節）。

以上をふまえて、さきほどの諸解釈を検討すると、まず、ダイモニオンをソクラテスの理性そのものや良心とみなす解釈（R－1）は、ダイモニオンが生じる「直接の行為」がささいな行為であるという点からして、ふさわしくないであろう。そこにおいては、「正しい・正しくない」がそもそも成立しないからである。つぎに、ロゴスによる批判的検討（エレンコス）によってダイモニオンの確実性が保たれるという解釈（R－2）も、妥当でないように思われる。というのも、ダイモニオンをきっかけとして、ソクラテスの意図していた行為に批判的検討がなされることはあっても、ダイモニオンそれ自体が、その批判的対象となっている場面はなかったからである。ソクラテスは、ダイモニオンそれ自体にたいしては、他の神・ダイモーンにたいするのと同様に、無条件的な信頼を寄せていたのである。そしてその信頼を、論理的に説明しようとすれば、解釈（R－3）のように言えるかもしれない。しかしながら、ダイモニオンと神・ダイモーンとの関係に関しては、別の考察が必要である。[26]そして、ソクラテス自身の経験によって、ダイモニオンへの確信が得られたとする解釈（R－4）に関しては、その正しさの一般化がやはり大きな問題となるであろう。

さて、いよいよ「ガラクシドロスの問い」に答える段階である。以上の考察からは、やはりソクラテスには、ダイモニオンとロゴスというふたつの原理が「両立」して見出されたように思われる。では、証言4で言われていたような、「ロゴス以外の何にも従わない」というロゴスの厳密な要求は、すこし割り引いて受け止めねばならないのであろうか。ガラクシドロスの問いに対しては、ある程度その主張を容認しなければならないのであろうか。しかし考えてみたい。

ソクラテスにとっては、ダイモニオンの声とロゴスによる（一般的原理のレベルでの）判断がたがいに対立しあうことはなかった。むしろ、それぞれが同じひとつの具体的な行為を、正しくソクラテスに指示したのである。また、時として論じられるような、「ロゴスの真理が宗教的な原理によって是認され、他方、同じように、宗教的な原理はロゴスによって基礎づけられる[27]」といった、たがいに向き合い支え合うような関係でもなかったであろう。それぞれが、関与し合わずとも、ともにソクラテスをひとつの具体的な善き行為へと導いたのである。そうであるなら、ひょっとすると、ソクラテスにとっては、ふたつの原理がそれぞれ個別にはたらいているという意識はなかったのではないか。ダイモニオンの声やロゴスによる判断は、ソクラテスのひとつの行為の局面を切り取って考察した場合に、立ち現われてくるのであるが、全体として見た場合、ソクラテスの行為を決定するのは、「神の声」であり、同時に「ロゴスによる判断」であったのだ。いやむしろ、ソクラテスにとってはそれらを区別することの方が、むつかしいことだったのかもしれない。そうであるからこそ、ソクラテスはダイモニオンについて、わたしたちには謎とも思える、あまりに無頓着な態度を取ったのではないだろうか。つまり、ソクラテスにとっては、「ダイモニオンとは何か」といったことはそもそも問題にならなかったし、「新奇なもの」と言われても、それを実感することさえできなかったのであろう。たしかに、子供のころから経験していたダイモニオンは、それを他のひとに語るなかで、どうやら自分にだけ生じる特殊なものらしい、そうソクラテスは気づいてはいた。けれども、ソクラテスとっては普通の出来事だったのであろう。「ガラクシドロスの問い」は、神の声を聞くことのできない者が、かってにそれを「ロゴスによる判断」とは別のものとみなして、発した問いではないだろうか。神の声が聞こえ、それが完全に、ロゴスによる判断と一致していたソクラテス自身は、きっと「ガラクシドロスの問い」とは無縁のところにいる。(28)

注

(1) 擬作と見なされている『第一アルキビアデス』『テアゲス』においてもダイモニオンは語られているが、ここでは考察の対象外とする。また、『ヒッピアス大』で「わたしは、どうもダイモーン的な運命がとらえているようです」(三〇四C一)といったダイモニオンへの言及はあるが、ここで述べた意味でのダイモニオンとは見なさない。さらに、『饗宴』では、「ダイモーンのごとき人」(二〇三A五)といった表現は別として、ダイモニオンという言葉は語られていない。しかし、おそらく後代になって、事柄としてダイモニオンによる禁止が語られているると解釈されたところが二個所ある(一七五B二―二〇C)。だが、プラトンがそのように理解していたかは確かでないので、考察対象としない。

(2) このことについて、たとえば「ソクラテスは、この合図の本性と正体について確かなことは知っていない」(米澤茂『ソクラテス研究序説』東海大学出版会、二〇〇〇年、一〇一頁)、「その実体が何であるのか、それを正確には知らない、と言っているものと思われる」(岩田靖夫『ソクラテス』勁草書房、一九九五年、一七〇頁)といった指摘がある。この謎についてのわたし自身の解釈は後に示される。

（3）Brickhouse & Smith, "Socrates' Daimonion and Rationality," Destrée, P. & Smith, N. D., (ed.) *Socrates' Divine Signe: Religion, Practice, and Value in Socratic Philosophy*, 2005, p. 43.

（4）以下に挙げる例のほかに、『クリトン』四四A、『パイドン』六〇Eも参照。

（5）McPherran, M. L, "Introducing a New God: Socrates and His Daimonion", in Destrée, P. & Smith, N. D., 2005, p. 16.

（6）Taylor, A. E., *Varia Socratica*, Oxford, 1911, p. 22.

（7）米澤、一一〇―一一一頁。

（8）もっとも、ヘシオドスのように、ダイモーンを各人につきそう守護神的なものと考えれば、ソクラテスの守護神はソクラテス固有のものとなるが、証言5はそのような意味で語られているとは思われない。

（9）Brickhouse & Smithは、ここで「メレトスが罠にはめられた」と考えるのを「標準的見解」と呼んでいる（Brickhouse, T. C. & Smith, N. D., *Socrates on Trial*, Oxford, 1989.（米澤茂・三島輝夫訳『裁かれたソクラテス』東海大学出版会、一九九四年、一九四頁）。

（10）「『ソクラテスの弁明』のソクラテスはこれ（新奇なダイモニオンに関する訴状部分）に何の弁明もしていない」として、そもそもその部分が「まじめに訴状のうちに取り上げられていたのかどうかは疑問である」といった解釈も可能である（田中美知太郎訳・校註『ソクラテスの弁明』岩波書店、一九七四年、九五頁）。

（11）これらの問題については本書の第四章で論じた。

（12）特徴（E）をその時点のソクラテスに限定し、可能性としてはすべてのひとがダイモニオンを聞くができるのであって、そういう意味では特殊なものではない、といった解釈も提出されている（Destrée, P., "The Daimonion and the Philosophical Misson: Schoud the Divine Sign Remain Unique to Socrates?" in Destrée, P. &

Smith, N. D., 2005, p. 75)。

(13) もちろん、ダイモニオンを内なる声とみなす解釈も可能であり、そうなると「送り手」が自分自身の理性か（Nussbaum, M., “Commentary on Edmunds”, *Proceedings of the Boston Area colloquim in Ancient Philosophy*, Vol.II, 1985, p. 234）、あるいは「ソクラテスに属しているプライベイトな神」（Van Riel, G., “Socrates' daemon: internalisation of the divine and knowledge of the self” in Destrée, P. & Smith, N. D., 2005, p. 35）であることになる。そうなると、（α）の点で特殊であることになる。

(14) Longは、聖パウロやジャンヌ・ダルクまでを引き合いに出して、「禁止の命令」という点での特殊性を認めない（Long, A. A., “How Does Socrates' Divine Sign Communicate with Him”, Ahbel-Rappe, S. & Kamtekar, R., (ed.), *A Companion to Socrates*, Blackwell, 2006, p. 65)。しかし、わたしが知るかぎり、当時のギリシア世界に限定するならば、そのような形態での予言は他に見当たらないように思われる。

(15) 『ソクラテスの弁明』二一C一。

(16) このようなソクラテスの合理的な態度については、「同時にそれは宗教的異端の疑いを招くゆえん」とも解釈される（田中美知太郎『ソクラテス』岩波書店〔岩波新書〕、一九五七年、二一六頁（引用頁数は筑摩書房全集第三巻による）。

(17) Nussbaum, p.234.

(18) Vlastos, G., *Socrates-Ironist and moral ilosopher*, Cambridge, 1991, p. 170.

(19) Reeve, C. D. C., *Socrates in the Apology*, Hackett, 1989, p. 70.

(20) Brickhouse & Smith, 2003, p. 60.

(21) もちろん、わたしたちの一連の行動のなかから「ひとつの行為」というものを抽出して考えることは難しく、厳密に区分はできないであろう。とくに「意図していた行為」は何層にも連なることがありうる。けっして固定的な区別をここで述べようとしているわけではない。

(22) このことは、『エウテュデモス』において成し遂げられた行為、すなわち「知者という評判をまとったエウテュデモスたちのもとから立ち去らずに議論する」にもあてはまる。

(23) 中澤務『ソクラテスとフィロソフィア』ミネルヴァ書房、二〇〇七年、八八頁。

(24) 具体的には、来世についての当時の考え方を出発点として、死が善きものであるということを論じる議論である（四一C七）。ただ、Brickhouse & Smithによると、これはソクラテスによるレトリックにすぎず、議論と言えるものではない、といった解釈も出されている（Brickhouse & Smith, 1989, 邦訳、四四〇頁）。また、加藤氏によると、（.i）は、ダイモニオンという外的証拠とも、ソクラテスによる議論とも「次元を一つ異にする場所で成り立つ」（加藤信朗『初期プラトン哲学』東京大学出版会、一九八八年、九七頁）ものとなる。

(25) 特徴（C）の「ささいな事柄にも」という点については、「直接の行為」に注目すると、「ダイモニオンには、ただささいな事柄しか残っていない」（Martin, G. *Sokrates*, Hamburg, 1967.（久野昭訳『ソクラテス』理想社、一九八三年、六一頁）と言えるが、「直接の行為」が「意図していた行為」に連なることに注目すれば、ダイモニオンは「いつも哲学的行為やソクラテスのミッションに関係するときに生じる」（Destrée, p. 67）と言うこともできる。

(26) この点については本書の第三章で論じた。

(27) Long. p. 64.

(28) この補論は、二〇〇九年三月二八日、古代哲学フォーラム（イリソス会）第三五回例会で発表したものに加筆訂正を加え、『龍谷哲学論集』第二四号（二〇一〇年）に掲載したものをもとにしている。

あとがき　謝辞ならびにお詫びとして

ソクラテスのダイモニオンについてすこし調べてみたいと思ったのは、内山勝利先生からお話をいただき、プルタルコスの『モラリア7』の翻訳にとりかかったのがきっかけである。そのプルタルコスの書のなかに、本書と同じタイトルの「プルタルコスのダイモニオンについて」という作品が収められていた。対話篇形式で展開される議論の面白さに、翻訳という作業を忘れ、まさに取り憑かれたかのように、先を早く読みたいという思いになった記憶がある。そして、ダイモーン関連の言葉を探し出し、その古代における理解を知ろうと、かたっぱしから目を通そうとした記憶もある。そういう作業のなかで、いくつかの論文を書き、それらをまとめたのが本書である。この度、龍谷学会の出版助成を受けることができ、このような形で世に出すことができた。まずはそのことにたいして御礼申し上げたい。また、出版にいたる途中では、同僚の先生方や、晃洋書房の丸井清泰氏をはじめ、多くの方々にお世話になり、感謝の気持ちでいっぱいである。

その一方、今回の出版にいたるまですいぶんと時間が経ってしまい、いまこの期に及んでは、忸怩たる思いに取り憑かれている。というのは、後でもっと詳しく調べようと、とりあえず書いた箇所が、結局のところ改善されないままであったり、さらには、気になる新しい文献や翻訳を目にしつつ、考察にいかすことができなかったり、見て見ぬふりのような状態のまま、見切り発車となってしまったからである。熱心に取り組んだ記憶と書きとめたものは残っているのだが、内容に関しては心もとないかぎりである。いっそうのこと、出版を断念しようかと考えることもしばしばであった。そのようななか、今回も背中を力強く、そしてやさしく押していただいたのは、恩師である廣川洋一先生である。「これまで中心的に論じられたことのない話題だから、それだけでも出す価値がある」というやさしい言葉と、退職されたのちも次々と仕事を公開される先生の力強さに支えられることがなければ、ずっとお蔵入りの状態のままであったことだろう。ひたすら感謝するのみである。

また今回、多くの日本語の翻訳を参照し、利用させていただいた。準拠したものを注において記させていただいたが、感謝とともにお詫びも申し上げねばならない。ダイモニオン関連の語句は考察の都合上、すべて変更することとなったし、また文体においても、「ぼく」を「わたし」に変えて統一するなど、ときには大幅な変更を加えてしまった。御寛容いただければ幸いである。

これまでわたしは、古代の懐疑主義を中心に研究をつづけてきた。懐疑主義とは、簡単に言うと、幸福に生きるということをめぐって、「知る」ことではなく「疑う」ことがむしろ近道だ、と語りかけてくれる立場である。それを研究しつつ、わたし自身、それによってずいぶんと楽になった気がした。そしてアカデメイア派の懐疑を論じるさいには、その源としてのソクラテスに、大きな共感をいだいたものである。ただ最近になって、それとは別に、あるいはそれの先にだろうか、いやむしろそれが前提としているものなのだろうか、「信じる」というあり方が気になり始めていた。ダイモニオンを語るソクラテスは、わたしにとっては、その道を示してくれる可能性のようにも映る。本来であれば、そういったつながりのなかで、もっと明確にソクラテスの立場を位置づけることが、本書で果されるべきだったであろう。この点を何よりもお詫びしなければならないが、それは今後の課題とさせていただきたい。

二〇一九年一月

田中龍山

索　　引

《著者紹介》

田 中 龍 山（たなか　りゅうざん）

龍谷大学文学部准教授
1964年　京都市生まれ
1993年　龍谷大学大学院文学研究科博士課程後期単位取得退学
2004年　博士（文学）
2012年より現職

主な著訳書

『セクストス・エンペイリコスの懐疑主義思想』東海大学出版会，2004年
プルタルコス『モラリア　7』京都大学学術出版会，2008年
『哲学ワールドの旅』（共著）晃洋書房，2018年

龍谷叢書XLVⅡ
ソクラテスのダイモニオンについて
——神霊に憑かれた哲学者——

2019年3月20日　初版第1刷発行　　＊定価はカバーに表示してあります

著　者　田 中 龍 山©
発行者　植 田　実
印刷者　河 野 俊一郎

発行所　株式会社　晃 洋 書 房
〒615-0026　京都市右京区西院北矢掛町7番地
電　話　075(312)0788番(代)
振替口座　01040-6-32280

装丁　クリエイティブ・コンセプト　　印刷・製本　西濃印刷㈱
ISBN 978-4-7710-3163-0